AF389590

ÉTUDE

SUR LA

RÉTRIBUTION LÉGITIME

DU TRAVAIL MANUEL INTELLECTUEL

ET DU CAPITAL

PAR J.-J.-A. CLOUZARD

ANCIEN OUVRIER ASSOCIÉ

« Le travail vaut ce qu'il vaut, quelle que soit la main qui l'ait fait. » (FRÉDÉRIC PASSY ; *dito* YVES GUYOT.

Que le travail soit manuel, qu'il soit intellectuel, chacun a droit au produit de son travail ; à l'un plus, à l'autre moins que le produit de son travail, ne peut satisfaire à la justice.

Dans tout échange il doit y avoir équivalence. entre les choses qui en sont l'objet.

PARIS

LIBRAIRIE GUILLAUMIN ET Cie

Éditeurs du *Journal des Économistes*, de la *Collection des principaux Économistes*, du *Dictionnaire de l'Économie politique*, du *Dictionnaire du Commerce et de la Navigation*, etc.

14, RUE RICHELIEU, 14

1888

AU LECTEUR

Tout produit industriel nécessite le concours de trois facteurs : le capital, le travail intellectuel, le travail manuel. Chacun de ces facteurs a-t-il droit à une part dans la valeur du produit obtenu par leur concours ? Pour beaucoup, le travail de l'ouvrier est tout, et seul il a droit à être rétribué. Il semble que, dans cette question, les idées soient très confuses, qu'on la traite arbitrairement, et chacun selon son intérêt.

Pensant, comme le dit Proudhon, que : « nul ne peut vouloir plus que la justice, moins que la justice, autrement que la justice » (*De la Justice dans la Révolution*, t. III, p. 587.) l'auteur de cette étude, ancien ouvrier associé, que l'équité de la rétribution a toujours préoccupé, a essayé d'élucider cette question, avec toute l'impartialité que peut avoir quelqu'un dont elle ne touche pas les intérêts ; qui, sans parti pris pour tel ou tel intéressé, a pour seul mobile l'ardent désir de voir réaliser cet idéal : attribuer à chacun l'équivalent de ce qu'il produit, ce qui, selon l'expression de Proudhon, n'est ni plus, ni moins, ni autrement que la justice.

Peut-être paraîtra-t-il téméraire, de la part d'un simple particulier, ni très versé dans la science économique, ni très fort en l'art d'écrire, — ayant à onze ans et demi quitté l'étude des sciences et belles-lettres, pour celle du charronnage, — d'entreprendre de traiter une question si importante ; ce qui l'a déterminé à l'oser, c'est que, si la question est importante, il ne lui semble pas, pour la comprendre, indispensable de posséder une bien grande intelligence, ni un grand savoir ; il espère s'exprimer avec assez de clarté pour être bien compris, et que, tenant compte de sa bonne intention, les personnes qui prendront la peine de lire cette étude, voudront bien lui accorder leur indulgence.

LE TRAVAIL MANUEL ET LE TRAVAIL INTELLECTUEL

Le travail est indispensable à l'existence de l'homme. — Qu'est-ce que travailler? — Le travail est la plus grande source des richesses. — La presque totalité du prix des objets est la somme des mains-d'œuvre qui ont concouru à sa production. — N'y a-t-il pas deux sortes de travail? — Le produit du travail intellectuel a une importance plus grande que le produit du travail manuel. — Pourquoi, malgré les moyens imaginés pour abréger le travail, multiplier les produits, on est obligé à beaucoup travailler.

Le travail est indispensable à l'existence de l'homme. — La vie ne pouvant persister sans l'usage, l'absorption de certaines choses, en supposant nos besoins réduits à leur plus grande simplicité, en admettant que des herbes, des fruits mûrissant d'eux-mêmes, sans culture, puissent suffire à l'homme, encore faudrait-il, pour s'en nourrir, qu'il prît la peine d'aller à leur recherche et de les cueillir, c'est-à-dire s'astreindre à un certain travail. L'homme ne peut donc exister qu'à la condition de travailler; sans le travail son existence est impossible. Celui qui ne travaille pas ne devrait pas manger.

Il s'en faut de beaucoup, surtout dans nos climats, que l'homme n'ait qu'à étendre la main, pour se procurer le nécessaire ; pour se mettre à l'abri des intempéries, il lui faut des vêtements, une maison, ce qui exige beaucoup de travail ; dans les pays les plus favorisés, l'homme qui ne vit que des produits naturels du sol est misérable. La terre produit naturellement, beaucoup plus de ronces, de chardons, de mauvaises herbes, que de plantes ou de fruits propres à notre nourriture ; c'est au prix d'un labeur long et pénible que l'homme défriche la terre et la rend propre à la culture. C'est par un travail sans cesse renouvelé, qu'après l'avoir défrichée, il la préserve de l'invasion des herbes sauvages, bien plus vivaces que les plantes propres à la satisfaction de nos besoins. Le sort de l'homme, on semble trop l'oublier, est bien, se-'on l'expression de la Bible, de manger son pain à 'a sueur de son front. Ou travailler, ou mourir de faim ; ou travailler beaucoup, ou vivre misérable ; telle est la condition de la vie, à quelque époque qu'on l'observe ; il faut l'accepter ainsi ou quitter la vie ; on ne peut aller contre la nature des choses.

Pourtant, dira-t-on, un assez grand nombre d'hommes vivent sans se livrer au travail ; cela est vrai, mais leurs ressources proviennent d'un travail antérieur, exécuté, soit par eux-mêmes, soit par quelque autre, le plus ordinairement par leurs parents ; enfin, il est constant qu'un nombre assez grand de gens vivent de biens que ni eux, ni leurs parents n'ont acquis par le travail; ce sont des parasites, dont les uns vivent de professions, d'emplois inutiles ; d'autres par la fraude, les malversations, le vol déguisé. Il en est de même de ceux que leur imprévoyance, leur inconduite, mettent à la charge de l'assistance publique ; ou qui, sous diverses formes, puisent continuellement dans la bourse des autres. Mais, de ce que certains vivent oisifs aux dépens du public ; de ce que des fripons parviennent à exister au moyen de rapines, il ne s'ensuit nullement que, normalement, honnêtement, on puisse vivre sans travailler.

Qu'est-ce que travailler ? — Travailler, c'est appliquer notre activité physique ou intellectuelle aux choses que nous offre la nature, pour les améliorer, les multiplier, les conserver, les mettre à notre portée, enfin les approprier à la satisfaction de nos besoins, de nos plaisirs. Réaliser, manifester les conceptions de notre intelligence, c'est aussi travailler. Ainsi tenir un magasin, être médecin, inventeur, littérateur, peintre, acteur, c'est aussi bien être travailleur qu'être forgeron, charpentier, cultivateur, menuisier, tisserand, voiturier, etc.

Le travail est la plus grande source des richesses. — Pour s'assurer que le travail est, en effet, la plus grande source des richesses, il suffit de comparer ce que produit une terre

inculte, avec ce qu'elle produit lorsqu'elle est cul-
itvée. La terre est évidemment la source de toute
chose ; mais, si on étudie en elles-mêmes les
choses qui constituent la richesse, on voit que la
plus grande partie de leur valeur est créée par le
travail ajouté aux produits naturels. Le travail
féconde la nature ; il multiplie, façonne, dispose
pour nos besoins, les produits qu'elle donne ; sans
le travail qui les approprie à nos besoins, les met
à notre portée, les choses seraient pour nous de
nulle valeur ; le bois, les pierres, les métaux, etc.,
ne sont rien, s'ils ne sont transformés en outils,
machines, meubles, maisons, etc.

La presque totalité du prix d'un objet est la somme des mains-d'œuvre qui ont concouru à sa production. — Pour démontrer la vérité de cette affirmation, prenons pour
exemple un boisseau de pommes de terre vendu à
Paris. Si l'on calcule ce qu'a coûté la préparation
du terrain, la semence, la plantation, les diverses
façons données à la terre avant la maturité, l'arra-
chage, les frais d'outils employés pour ces cul-
tures, le transport du champ chez le cultivateur,
le magasinage, le transport au marché, puis du
marché à Paris, chez le marchand en gros, le
salaire de ce dernier, le transport chez le fruitier,
ses frais de magasin, son salaire pour en faire la
distribution à chaque consommateur, on verra
que la portion du prix de ces légumes afférente à

la terre et aux forces végétatives est presque nulle. Que l'on décompose le prix d'un revolver de 100 francs, et l'on verra de même, que, dans la valeur de cette arme, le prix du minerai et du combustible est seulement de quelques centimes ; tout le reste est de la main-d'œuvre. On le voit donc, le prix des objets est, à peu de chose près, la somme des diverses mains-d'œuvre qui ont concouru à les produire, à les amener à la portée des consommateurs.

N'y a-t-il pas deux sortes de travail ? — On distingue, en effet, deux sortes de travail, le travail manuel et le travail intellectuel.

Le produit du travail intellectuel a une importance plus grande que le produit du travail manuel. — D'abord, il existe incontestablement une différence très grande, entre le produit du travail manuel et le produit du travail intellectuel. Le travail manuel s'exerçant sur des objets matériels, s'y incorpore et le résultat en est détruit avec ces derniers ; ainsi le travail affecté à la fabrication d'une scie, d'une lime, etc., est détruit en même temps que ces outils ; au contraire, l'effort intellectuel par lequel ont été conçues, imaginées, la scie, la lime, etc., étant immatériel, est, par cela même indestructible ; tous les hommes, pendant l'éternité, pourront en faire usage, sans lui faire éprouver la moindre atteinte ; l'idée de la lime est encore aussi entière qu'au jour où la première lime a été conçue.

Le produit du travail manuel, étant détruit avec l'objet auquel il est incorporé, ne peut avoir qu'une importance limitée, tandis que la moindre invention, pouvant profiter à l'humanité tout entière, et pour tous les siècles, a une importance illimitée ; ceux qui ont inventé la roue hydraulique, le moulin à vent, la machine à vapeur, ont donné, et pour toujours à l'homme, le moyen d'économiser sa force musculaire, ou celle des animaux servant à faire mouvoir les machines ; ceux qui ont inventé la scie, la lime, lui ont fourni celui de mieux utiliser la force de ses bras, appliquée au travail du bois, des métaux, et d'économiser ces matières. Ces exemples prouvent que les produits du travail intellectuel ont une valeur incomparablement plus grande que celle du travail manuel ; le premier a toujours pour résultat, soit l'économie des matières, la perfection, la multiplication des produits, la suppression, ou au moins l'économie du travail manuel. C'est au travail intellectuel que l'on doit les perfectionnements des procédés agricoles et industriels, lesquels, depuis cent ans surtout, ont accru la production et abaissé le prix des produits. Actuellement, des étoffes, des objets d'utilité, d'agrément, que jadis les riches seuls pouvaient se procurer, sont accessibles aux pauvres. Au siècle dernier, la durée moyenne de la vie était de 25 à 30 ans ; actuellement elle est, dit-on, de

40 ans ; nous devons donc au travail intellectuel
d'avoir une existence plus agréable et plus longue.
C'est la multiplication des produits par les machines
et procédés dus au travail intellectuel qui, donnant l'abondance, constitue la richesse. On doit
bénir les travailleurs de l'intelligence : ils sont nos
bienfaiteurs.

**Pourquoi, malgré les moyens imagi-
nés pour abréger le travail, multiplier
les produits, on est obligé de beaucoup
travailler**. — Les hommes ont besoin de beaucoup travailler, malgré les progrès accomplis dans
les moyens de production, parceque leurs besoins,
leurs désirs, croissent à mesure qu'ils ont la faci-
lité de les satisfaire. C'est que, — selon l'expression
de Franklin, voulant dire par là que l'on dépense
beaucoup pour les choses futiles, bien des gens
donnent trop pour le sifflet ; — le plus pauvre
ouvrier fait, en effet, usage de choses chaque
jour plus nombreuses, non seulement d'utilité,
mais aussi d'agrément ; il habite une maison ; il
a un lit, des meubles, des ustensiles de ménage,
vaisselle, couteaux, cuiller, fourchette, miroir,
tableaux ; des outils, une horloge, une montre ;
des chemises, des habits, des chaussures, une
coiffure, des bijoux, une pipe, une tabatière, une
blague à tabac ; il se sert des routes, des ponts,
des bateaux à vapeur, des chemins de fer, des
omnibus ; la sécurité de sa personne, du produit

de son travail, de ce qui lui appartient, lui sont
garantis par la force publique, par les tribunaux ;
comme tous, enfin, il jouit des services publics ;
l'ouvrier des villes profite de leurs embellisse-
ments ; les musées, les collections publiques, les
bibliothèques sont à sa disposition ; pour charmer
ses loisirs, il va au café-concert, au théâtre, au
bal ; il joue aux cartes, au jacquet, au billard, au
tourniquet ; il prise, fume, etc ; il nourrit son
corps de pain, de légumes, de poisson, de viande ;
il puise sa nourriture spirituelle, dans les œuvres
des plus célèbres auteurs, dans des journaux ré-
digés par les plus grands esprits ; il se désaltère
de vin, de bière ; il y ajoute plus ou moins : l'eau-
de-vie, le rhum, le kirsch, les liqueurs, l'absinthe,
le vermouth, le bitter, l'amer Picon, le picotin,
l'élixir Raspail, l'amara Blanqui, l'apéritif Gambetta, l'amer Boulanger, et autres alcools ratis-
sants pour le palais, réconfortants pour l'estomac,
salutaires à la cervelle ; le commerce lui fournit
une foule de substances, de denrées : le poivre,
les épices, le cacao, le café, le thé, les plantes
médicinales, tinctoriales, les parfums, etc. Toutes
ces choses, que l'on va chercher aux extrémités
du monde, coûtent du travail ; chacun, pour
jouir de tout ce qui est ci-dessus énuméré, le
paye en donnant tout ou partie du produit du
sien ; c'est parce que l'on fait usage d'une foule
de choses d'agrément, de luxe que, malgré les
moyens imaginés pour abréger le travail, mul-

tiplier les produits, en réduire le prix, on est obligé de beaucoup travailler. Evidemment, sans les machines, les procédés dus aux inventeurs, dont l'industrie fait usage; sans le commerce, un homme, travaillat-il cent fois plus, ne pourrait se procurer toutes les choses utiles ou agréables qu'il obtient, en échange de son travail. Celui qui consentirait à supprimer tout superflu, tout ce qui est d'agrément, et se contenterait du strict nécessaire, consistant à manger à sa suffisance, à être garanti des intempéries, à ne pas coucher à la belle étoile, pourrait, assurément, rester oisif une partie du temps.

Ce que coûterait ce strict nécessaire, n'atteindrait peut-être guère plus de la moitié de ce qu'en général dépense un ouvrier. Pour s'en convaincre, il n'y aurait qu'à consulter le budget d'un très grand nombre de campagnards, qui ne s'en portent pas plus mal pour cela.

LE PRINCIPE RATIONNEL DE LA RÉTRIBUTION DU TRAVAIL

> La justice est la première des vertus. (SOPHOCLE.)
> « Il faut toujours que la justice ait le dernier mot dans les affaires humaines. » (Journal *la Justice*, n⁰ 1ᵉʳ.)

La rétribution du travail doit se baser sur la justice. — Qu'est-ce que la justice? — Qu'est-ce qui est légitimement dû à chacun? — La notion de l'intérêt ne peut être une règle, ni pour les échanges, ni pour la rétribution du travail.

La rétribution du travail doit se baser sur la justice. — Nul, sans doute, ne contestera que, dans la rétribution du travail, on ne peut, selon l'expression de Proudhon, vouloir : « plus que la justice, moins que la justice, autrement que la justice », car ce serait vouloir l'injustice. Afin que l'on puisse apprécier à quelle condition la rétribution peut être juste, il faut d'abord avoir une idée précise de ce qu'on doit entendre par justice.

Qu'est-ce que la justice? — La justice est un certain principe perçu par l'esprit, auquel

les actes des hommes, leurs droits, devoirs, intérêts, échanges, conventions, etc., en un mot, tous
les rapports qu'ils ont entre eux, doivent être
conformes, pour être considérés comme irrépro-
chables, rationnels, légitimes, justes. On peut dire
que la justice consiste à donner à chacun ce que,
selon la droite raison, il lui est dû, et, lorsqu'elle
a été enfreinte, à rétablir personnes et choses en
l'état antérieur à l'injustice, ou à quelque chose
d'équivalent à cet état, afin d'annuler les effets de
l'injustice, en réparant le dommage qu'elle a causé.

Qu'est-ce qui est légitimement dû à chacun ? — Si l'on consulte la raison, elle autorise, semble-t-il, à dire que, légitimement, il est
dû à chacun le respect de sa personne dans tout
ce qui la constitue, lui est inhérent et en dépend ;
pour préciser, il est dû à chacun le respect de sa
dignité ; le libre exercice de ses facultés physiques, intellectuelles et morales ; la possession, la
libre disposition du produit de son travail et de
tout ce qui lui appartient légitimement ; dans les
échanges, l'équivalent de ce qu'il donne ; lorsqu'il éprouve un préjudice, un dédommagement
équivalent au tort éprouvé. Enfin, pour les mêmes
motifs, chacun doit jouir des mêmes avantages, et
supporter les mêmes charges ou obligations, sans
aucune préférence ni privilège pour personne.

Si l'on conteste que les précédentes affirmations soient conformes à la raison, vraies, légi-

times, justes, c'est qu'elles sont injustes; il faut alors dire : il est juste de porter atteinte à la dignité d'autrui; d'apporter des entraves à l'exercice de ses facultés physiques, intellectuelles et morales; de porter atteinte à la possession et à la libre disposition du produit de son travail, et de tout ce qui lui appartient légitimement; de donner en échange moins qu'on ne reçoit; d'exiger plus qu'on ne donne; de donner une indemnité inférieure au préjudice causé; d'en exiger une supérieure au dommage éprouvé; d'attribuer aux uns des avantages dont les autres sont exclus; de les exempter de charges imposées aux autres. Évidemment, la droite et impartiale raison réprouve ces dernières affirmations, et reconnaît que les premières sont vraies, légitimes, justes. Pour admettre les dernières, il faudrait abdiquer la raison; reconnaître comme vrai, légitime, juste, ce qui pour elle est absurde, faux, illégitime, injuste.

La notion d'intérêt ne peut être une règle, ni pour les échanges, ni pour la rétribution du travail. — L'intérêt est le mobile de ceux qui, visant à obtenir le plus grand avantage possible, ne s'astreignent pas à la réciprocité; satisfaire son intérêt, consiste à donner le moins possible en échange de ce qu'on reçoit, et même à acquérir, sans donner aucune compensation.

Lorsqu'on admet que chacun a droit à recevoir

l'équivalent du service qu'il rend, de la valeur qu'il donne, ladite valeur détermine précisément ce que, légitimement, il nous est dû; si l'on refuse de prendre cette équivalence pour règle des échanges, l'intérêt de chacun étant diamétralement opposé à celui de tous les autres, et les divers intérêts n'ayant ni une limite qu'ils ne doivent pas franchir, ni une commune mesure, tout alors est livré à l'arbitraire des prétentions de chacun des intéressés; quelle que soit leur exagération, on ne possède aucun moyen de leur prouver qu'elles dépassent la limite légitime. Lorsqu'on n'admet pas l'équivalence comme règle des échanges, on admet comme légitime, juste, de donner moins qu'on ne reçoit, de recevoir plus qu'on ne donne; rien ne pouvant déterminer où doit s'arrêter l'inégalité de valeur entre deux choses échangées, pour rester légitime, tant près de zéro que soit l'une d'elles, on ne peut démontrer que ce soit une infraction à la justice, et il est impossible de préciser où cesse la probité et où commence le vol.

L'intérêt d'un même homme variant, suivant les circonstances et, chez des hommes divers, les intérêts étant opposés, la notion d'intérêt n'ayant aucune fixité, cette instabilité exclut qu'elle puisse être une règle, un terme de comparaison dans nos transactions.

Mais, l'intérêt bien entendu ne peut-il pas, ainsi qu'on l'enseigne, déterminer ce qui, légitimement, est dû à chacun? Voici, à cet égard, ce qu'on lit dans *la Libre-Pensée*, scientifique publication, à laquelle ont participé MM. Clémenceau et Alfred Naquet : « La notion de l'intérêt bien entendu est le seul critérium sur lequel nous puissions baser notre jugement moral ». (p. 140.) Avant d'admettre cette notion comme propre à déterminer nos droits, etc., il faut d'abord examiner si elle est invariable ; si, de même qu'il en est de l'intérêt personnel, chacun ne peut pas prendre son plus grand intérêt pour son droit, pour l'intérêt bien entendu. Or, de l'aveu de *la Libre-Pensée*, p. 147 : « Dans les détails de la vie, tous ne s'entendent pas sur ce qui est l'intérêt bien entendu ; de là les mille conflits dont nous sommes chaque jour témoins. » Cela indique que la notion de l'intérêt bien entendu est indéterminée ; que chacun peut s'en faire une idée différente, et que, contrairement à ce qu'affirment les savants rédacteurs de la feuille susmentionnée, sa variabilité la rend impropre à être la règle, le mètre, le critérium de nos actions, de nos échanges et rétributions.

« L'être qui vit isolé va droit à la satisfaction de ses besoins, sans tenir compte d'autre chose que de son propre intérêt. — Il en arrive à se convaincre, par son expérience, que son intérêt le mieux entendu consiste à tenir compte des intérêts d'autrui », lit-on encore (*Libre-Pensée* p. 140). Il suit de là que l'intérêt bien entendu est astreint à se conformer à certaine règle ; s'il n'a pas pour règle : à l'un plus, à l'autre moins que ses œuvres, ses services, etc., il ne peut avoir d'autre règle que : à chacun selon ses œuvres, ses services, etc. ; si l'intérêt bien entendu oblige à s'astreindre à la seconde règle, il serait alors, même chose que justice ; s'il signifie autre chose que justice, il ne peut signifier qu'injustice ; ce serait un singulier critérium pour baser notre jugement moral !

Il semble résulter de cet examen, que l'intérêt ne saurait être légitime, à moins qu'il ne coïncide avec la justice ; selon le journal de M. Clémenceau, elle doit, en effet, avoir toujours le dernier mot dans les affaires humaines.

Le terme justice signifie : égalité des droits, équivalence dans les échanges, et il ne peut donner lieu à aucune équivoque. De l'aveu des adeptes de l'intérêt bien entendu : « tous ne s'entendent pas sur ce qui est d'intérêt bien entendu ». Si, pour celui qui en fait usage, ce terme signifie justice, ce dernier mot étant seul employé dans le langage ordinaire, n'est-on pas bien plus sûr d'être clair en l'employant, l'autre n'étant qu'une périphrase indéterminée équivalente, pouvant donner lieu à de fausses interprétations.

LA RÉTRIBUTION LÉGITIME DU TRAVAIL

> « Le socialisme est aujourd'hui une question de réparation plutôt que de protection. » (*Le citoyen Clémenceau à ses électeurs, 25 mai 1884.*)
>
> « Il appartient à la République vraie... d'assurer à quiconque travaille le produit intégral de son travail, problème que doit résoudre inévitablement la société moderne. C'est affaire de justice, et il faut toujours que la justice ait le dernier mot dans les affaires humaines. » (Déclaration de principes du journal du citoyen Clémenceau : *la Justice*, n° 1ᵉʳ.)

N'est-il pas juste que chacun ait pour rétribution le produit de son travail ? — Pourquoi les travailleurs de certaines professions sont plus rétribués que ceux d'autres professions. — Rétribuer chacun selon ses œuvres est, dans bien des cas, moins facile qu'on ne l'imagine. — Peut-on dans l'évaluation du salaire tenir compte de la bonne volonté des efforts inefficaces ? — N'est-il pas contraire à la raison, d'évaluer le salaire, les produits, selon l'offre et la demande qui en sont faites.

N'est-il pas juste que chacun ait pour rétribution le produit de son travail ? — Si l'on s'en rapporte à la raison, évidemment chacun doit être rétribué selon ses œuvres ; si, en effet, l'on dit que toute peine, tout service méritent salaire, rémunération, et que cela est légitime, juste, on dira une chose dont l'énoncé suffit à la démonstration, et dont le contraire répugne à la raison ; mais l'homme travaille pour lui-même, où il travaille pour autrui. Comment, dans chacun de ces cas, déterminer ce qui est sa juste rémunération ?

Etant admis que l'homme est libre, propriétaire de sa personne, de ses facultés, il s'ensuit qu'il doit être propriétaire du produit de leur activité ; l'énoncé de cette affirmation suffit aussi à sa démonstration ; cela est légitime, juste ; rien ne peut justifier que cette rémunération doive être moindre ou plus grande ; pour la raison donc, lorsqu'un homme travaille pour soi-même, il ne saurait être plus exactement, plus justement rémunéré, que par le produit de son travail ; ce produit est sa légitime, sa juste rémunération.

Lorsqu'on travaille pour un autre, ou qu'on lui rend un service quelconque, puisque toute peine, tout service mérite salaire ; celui qui reçoit un service, profitant d'un travail, doit donc rémunérer celui qui l'a effectué ; mais comment déterminer cette rémunération, pour qu'elle soit juste ? On vient de le voir, la justice exige que celui qui travaille pour soi-même, ait pour rémunération, le produit même de son travail ; y a-t-il quelque raison pour qu'il en soit autrement, à l'égard de celui qui travaille pour autrui ? En toute circonstance, rien, semble-t-il, ne peut mieux exprimer la valeur d'un travail que son produit même ; si la raison ne peut admettre que, lorsqu'on travaille pour autrui, on ait droit à plus que le produit de son travail, elle ne peut non plus, admettre qu'on ait droit à moins que ce produit, car, **sur quoi se** baser pour déterminer de quelle quantité il devrait être diminué ; aucun travail, aucun service, ne pouvant être plus exactement rémunéré que par un travail égal, un service identique, ou, à leur place, une valeur équivalente, la raison conclut que la rémunération d'un travail fait **pour** autrui doit être identique ou équivalente **au pro**duit de ce travail, et cela est vrai, **que le travail** soit intellectuel, qu'il soit manuel ; **en sorte que,** quel que soit le cas, pour que la justice soit **satis**faite, il faut qu'il y ait identité ou équivalence, entre l'œuvre et la rémunération ; l'énoncé de cette affirmation suffit à sa démonstration ; **cela,** pour nous, a l'évidence de l'égalité : $1 = 1$; en même temps que cela est conforme à la raison, cela satisfait la conscience, cette faculté dont, selon Proudhon, la justice est le produit, et qui discerne le bien, le juste. A chacun **selon son** travail, ou, en termes plus généraux, à **chacun** selon ses œuvres, est donc le principe de **la jus**tice entre l'œuvre et la rémunération ; **on ne** saurait, en effet, comprendre que, à l'un moins que ses œuvres, à l'autre plus que ses œuvres, ou, enfin, qu'une inégalité quelconque entre ces deux valeurs puisse être légitime, conforme à la justice ; chacun, donc, doit recevoir l'équivalent de ce qu'il a produit ; recevoir plus qu'on a produit ne pouvant se faire qu'aux dépens d'autrui.

Si, par exemple, plus industrieux que ses confrères, par un moyen nouveau, quelqu'un parvient, dans le même temps, à faire 2, 5 ou 10 fois plus d'un objet, en recevant dix fois plus, il ne fait que recueillir le fruit de son travail ; l'élévation de son salaire ne diminuant en rien celui de ses confrères, ou de ses employés si c'est un patron, ne peut leur faire aucun tort ; s'ils voulaient partager avec lui, ce serait prétendre participer au fruit du travail d'autrui ; si l'intelligent ne doit pas s'attribuer le fruit du travail de celui qui ne l'est pas, il ne serait pas moins illégitime, que l'indolent, l'inepte, aient droit à s'approprier le fruit du travail de l'actif, de l'intelligent.

On pourrait, par les raisons ci-dessus, montrer que, dans un échange quelconque, pour qu'il soit rationnellement effectué, conforme à la justice, il doit y avoir équivalence entre les choses qui en sont l'objet ; dans les services publics, que l'impôt sert à rétribuer, il doit y avoir, évidemment aussi, équivalence entre le service et la rétribution. En dehors du principe : à chacun selon ses œuvres, ses services, qui a l'évidence d'un axiome, on ne peut concevoir aucun terme de comparaison, pour évaluer la rétribution du travail, et cette évaluation ne peut se faire, comme il en fût jusqu'ici, qu'arbitrairement, au hasard, à tâtons, à moins que l'un des contractants, abusant de l'ingénuité de l'autre, ce ne soit par ruse, ou que, profitant de sa pénurie, ce ne soit par contrainte.

Plus que les autres, les petits, les faibles, sont

intéressés à ce qu'on observe la justice, mais les puissants pourraient avoir à se repentir de ne pas s'efforcer de la faire prévaloir. Si, pour satisfaire leurs intérêts, ils usaient de la contrainte, il pourrait fort bien arriver que pour favoriser les leurs, les faibles, en se concertant, parvinssent aussi à contraindre les forts.

Nul ne pouvant contester que la justice soit le seul principe rationnel de nos transactions, échanges, rétribution, on prodigue dans les livres le mot justice ; dans les déclarations de principes et les professions de foi, surtout, on la glorifie en ronflantes tirades ; tout en l'invoquant bien haut, et jurant de se sacrifier corps et biens, pour son triomphe ; l'exemple venant de citoyens occupant les hautes régions, on trafique de tout ; on fait des affaires, ce qui consiste à se duper à qui mieux mieux ; au lieu d'être toujours attribués aux plus méritants, les honneurs le sont souvent aux habiles, aux intrigants, et les avantages aux moins scrupuleux, aux plus cupides, qui tiennent pour des nigauds ceux qui regardent d'un peu près aux moyens de les acquérir.

Pourquoi dans certaines professions, les travailleurs sont plus rétribués que dans d'autres. — Lorsque, dans une industrie quelconque, un travailleur est employé par un patron, ce qui détermine sa rétribution, c'est la perfection des produits de son travail, ou, à perfection égale, une plus grande quantité de produits obtenus dans le même temps. En général, les professions dont le travail est le plus rétribué, sont celles qui demandent des talents, possédés seulement par un petit nombre d'hommes ; les produits du travail de ces hommes étant rares, relativement à ceux qui désirent les posséder, soit qu'ils y trouvent une grande utilité ou un grand agrément, ils consentent à les payer un prix élevé ; ainsi, on consent à payer le travail d'un peintre, d'un sculpteur, d'un comédien, d'un chanteur jusqu'à raison de 1,000 francs par jour et plus ; tandis qu'on trouve un cultivateur bien rétribué, si, dans le même temps, il gagne 3 à 4 francs ; c'est que les bons artistes sont rares, tandis qu'on trouve par milliers des hommes capables de cultiver, la culture n'exigeant, en grande partie, que du travail manuel. Mais, quels que soient la profession, la capacité, les talents, il est constant que la rétribution s'élève, lorsqu'en proportion des produits demandés, les travailleurs sont rares ; la rétribution, au contraire, baisse lorsque, relativement à la quantité des produits demandés, ceux qui les fabriquent sont nombreux, ce que Gobden exprimait en disant : Quand deux patrons ou deux consommateurs courent après un ouvrier, les salaires haussent ; quand, au contraire, deux ouvriers courent après un patron, les salaires baissent. C'est un fait que chacun peut observer et qui s'explique, se comprend, par le seul énoncé ; ce fait qui se produit en tous temps, en tous lieux, quel que soit l'état de la société, la forme de son gouvernement, par la force même des choses, a été désigné sous le nom de : loi de l'offre et de la demande.

Le travail manuel étant, par lui-même, productif au minimum, et le nombre des hommes qui en sont capables étant grand, cela explique que ceux qui l'exécutent reçoivent une minime rétribution. L'infériorité de la rétribution du travail manuel, remarquons-le, a pour conséquence d'inciter l'homme à exercer son intelligence, s'il ne veut pas rester dans une perpétuelle pauvreté, dans une condition subalterne ; partout l'intelligent dirige et commande.

Rétribuer chacun selon ses œuvres est, dans bien des cas, beaucoup moins facile qu'on ne l'imagine. — Donner à chacun le produit intégral de son travail est facile à énoncer, mais, si tel est le but que l'on doit s'efforcer d'atteindre, y parvenir n'est pas toujours sans difficultés.

Toute chose provenant d'un travail mécanique, musculaire, peut-être considérée, comme le résultat de l'application d'une certaine force, pendant un certain temps ; si l'on suppose que l'on ait déterminé exactement ce qu'il faut de force, de temps etc., pour produire une pièce de 1 franc, par exemple, en comparant le temps et la force nécessaires à la production de tel objet, on saurait qu'il vaut 1, 2, 3 ou 1/2, 1/4 de franc, suivant que, pour le produire, il aurait fallu 1, 2, 3 fois, etc., autant de temps et de force qu'il en faut pour produire une pièce de 1 franc ; mais aucun travail ne pouvant s'effectuer sans une participation de l'intelligence, certains travaux demandant de l'adresse, de la dextérité, resterait encore à déterminer leur part, dans la production de tel ou tel objet.

S'il ne paraît pas impossible qu'on obtienne une unité qui permette de déterminer exactement la valeur d'un objet résultant d'un travail purement mécanique, il paraît l'être, qu'on puisse déterminer une unité servant à évaluer les actes de l'intelligence ; car comment concevoir une certaine pensée au moyen de laquelle, en les y comparant, on puisse s'assurer que telle pensée, idée, conception, etc., étant 2, 3, 4 fois plus grande que la première, la vaut 2, 3, 4 fois, et permette de dire que la conception de la roue hydraulique vaut tant de fois celle de la lime ; que la conception de la machine à vapeur vaut plus ou moins que celle de l'imprimerie, et, dans un autre ordre, ce que, intrinsèquement, vaut une fable de Lafontaine, une comédie de Molière, etc. ; enfin, quelle part est due à celui qui conçoit, organise une entreprise, soit commerciale, soit industrielle, ou à celui qui la dirige, en est l'âme, et sans lequel elle ne saurait prospérer. « On citerait, dit M. Paul Leroy-Beaulieu, un bon nombre de ces usines gigantesques qui, quelques années après la mort ou la retraite de leur créateur, ont dépéri. Dans la grande industrie les qualités personnelles du chef ont une importance que rien n'égale (1). » Ce sont là évidemment autant de questions sur lesquelles nous ne possédons aucun élément de comparaison nous permettant d'en donner une solution dont la véracité, l'exactitude soient irréfragables ; nous ne concevons même pas la possibilité qu'un jour on puisse vaincre cette difficulté. On voit donc que la rémunération équitable des œuvres, la question des salaires, n'est ni aussi simple, ni aussi facile à résoudre qu'elle paraît l'être au premier abord.

Peut-on, dans l'évaluation du salaire, tenir compte de la bonne volonté, des efforts inefficaces ? — Il est constant que, de deux ouvriers faisant le même travail, l'un sans grand effort, le fera dans un certain temps, et que l'autre, tout en faisant des efforts, y mettra un temps plus long ; si, dans l'évaluation du salaire, on fait entrer les considérations morales, le dernier ouvrier devrait, pour le même objet, recevoir plus que le premier, car, dans ce cas, un objet vaut d'autant plus qu'il a coûté plus de temps et d'effort. Si l'on évaluait les travaux en

----

(1) *Précis d'Economie politique*, p. 97. Delagrave, rue Soufflot, n° 15.

tenant compte des considérations morales, il pourrait donc arriver, qu'une chose dont la valeur serait minime, dût être évaluée plus qu'une autre dont la valeur serait très grande ; dans un concours, souvent alors, la récompense serait méritée par celui qui échoue ; incontestablement, quand il s'agit de travail, on ne peut tenir compte que de la valeur intrinsèque, effective de ses produits ; la bonne volonté, l'effort inefficace, ne peuvent entrer comme éléments dans la valeur des produits du travail ; l'effort moral, d'ailleurs, étant impossible à évaluer, libre à chacun de tenir compte de cette considération, mais on ne saurait l'imposer ; c'est affaire de bienveillance personnelle, de commisération, d'humanité, de fraternité.

N'est-il pas contraire à la raison d'évaluer le salaire, les produits selon l'offre et la demande qui en sont faites ? — La détermination du salaire et du prix des objets, d'après l'offre et la demande, risque, on ne saurait le nier, de souvent enfreindre le principe : à chacun selon ses œuvres, seul conforme à la justice, et déterminer les prix d'après la matière employée, les frais, la main-d'œuvre qu'ils nécessitent, est le but que l'on doit s'efforcer d'atteindre ; mais jusqu'ici, on a pris pour déterminer le prix des objets, le désir plus ou moins grand qu'a de les posséder, celui qui en fait usage. Voici un objet qui a demandé un jour de travail ; on l'estime 10 francs ; vous êtes disposé à l'acheter, mais il ne vous semble pas assez utile pour y mettre ce prix, vous ne voulez y mettre que 5 francs, ou vous ne l'achèterez pas. Qui peut vous obliger à le payer davantage? Il peut même arriver qu'un objet ayant coûté un grand travail ne soit utile pour personne, et ne trouve aucun acquéreur à quel prix que ce soit; il serait alors comme sans aucune valeur; on ne voit aucune raison pour qu'on puisse obliger, soit un particulier, soit la société, à rétribuer celui qui a exécuté un produit qui n'est utile à personne. On doit évidemment attribuer aux objets un prix selon leur valeur intrinsèque, mais quelque valeur qu'on attribue à une chose, si celui qui doit en faire usage ne veut pas l'acquérir à ce prix, à moins qu'on ne préfère la garder, force est bien d'accepter le prix que le désir de la posséder lui fait proposer. Telle est la raison qui, si elle ne la justifie pas, explique la détermination du prix des objets, et, par suite, des salaires, selon l'offre et la demande; si cette loi ne répond pas à l'idéal de la justice, elle est un stimulant pour chacun, de s'évertuer à trouver ce qui convient à la satisfaction de nos besoins, de nos désirs.

Nul ne saurait disconvenir qu'en l'état des choses, contraints par la concurrence de leurs confrères, et plus encore par la concurrence étrangère, bon gré mal gré, cultivateurs, industriels, commerçants, sociétés coopératives, sont contraints de se conformer à l'offre et la demande. A quelque prix que leurs adversaires allemands, anglais, américains, etc., vendent leurs produits, il leur faut vendre au même prix les produits similaires, d'où la nécessité d'abaisser la main-d'œuvre ou de se ruiner, de fermer ateliers et magasins. Il est impossible de le méconnaître, à moins de fabriquer des objets dont, pour une raison quelconque, il ait le monopole exclusif, un industriel eût-il le plus ardent désir d'élever la main-d'œuvre, n'en n'aurait pas la possibilité.

On parviendra, sans doute, à atténuer les inconvénients de l'offre et la demande, mais vraisemblablement jamais on ne pourra les supprimer entièrement; pour que l'offre et la demande soient toujours en équilibre sur toute chose, il faudrait que l'homme vécut en quelque sorte en automate; que ses besoins, ses goûts d'aujourd'hui, ceux des jours précédents et ceux de demain fussent entièrement semblables; autrement, si un certain nombre de personnes voulaient boire de la bière au lieu de vin, s'habiller de laine au lieu de coton, il faudrait que longtemps à l'avance, on prévint les producteurs de ces boissons et de ces étoffes; quand ils se seraient mis en mesure de produire plus de l'un et moins de l'autre, peut-être que quelques raisons engageraient les demandeurs à se désaltérer d'une autre boisson, ou à se vêtir d'une autre étoffe. Il est de toute impossibilité de s'astreindre à demander aux producteurs toujours la même quantité des mêmes marchandises, afin d'assurer la stabilité de leur gain. Une telle sujétion serait incompatible avec la mobilité de nos goûts, de nos besoins les plus légitimes, qui varient sans cesse avec notre âge, notre santé, l'état de notre fortune.

L'ÉGALITÉ DES SALAIRES

Toutes les professions utiles ne sont-elles pas équivalentes et ne doivent-elles pas être également rétribuées ? — Que résulterait-il si l'on attribuait la même rétribution à des travaux utiles quelconques ? — D'où vient l'erreur des égalitaires dans la détermination de la valeur des produits du travail. — L'égalité des salaires n'incite-t-elle pas à l'indolence ? — L'égalité des salaires est-elle conforme à la justice ?

Toutes les professions utiles ne sont-elles pas équivalentes et ne doivent-elles pas être également rétribuées ? — Si l'on prend l'utilité pour base de la rétribution du travail, on peut évaluer cette rétribution d'après son degré d'utilité ; alors l'agriculteur, le boulanger, le maçon devraient être les plus rétribués, car le produit de leur travail est de première nécessité ; ou l'on peut dire que toute chose, dès qu'elle est utile, est équivalente à toute autre chose utile : voilà, dans la rémunération du travail, si l'on ne considère que l'utilité, les deux principes entre lesquels on doit choisir ; le dernier principe a été soutenu par Proudhon dans son livre : *Qu'est-ce que la propriété ?* Les égalitaires justifient ce principe en disant que : l'agriculteur, le simple manouvrier, Homère, Raphaël, Victor Hugo ont également reçu gratuitement leurs facultés, et que le producteur de poèmes, de tableaux, de pièces de comédie, ne mérite pas d'être payé plus que le producteur de pommes de terre ou de sabots ; chacun produisant selon les facultés qu'il a reçues ; d'ailleurs, les pommes de terre étant de première utilité, les tableaux, les poèmes, les comédies, étant d'une utilité moins immédiate, il y aurait plutôt des raisons de tenir les pommes de terre en plus haute estime. **Les égalitaires** résument l'évaluation des objets **par cette formule** : Combien vaut une statue de **Scopas**, de Michel-Ange, etc. ? Autant de sabots qu'en peut faire un sabotier, dans le temps employé à faire ces statues, et avec la même dépense. **Combien vaut un poème** d'Homère, de Victor Hugo ? Autant de fromages et de fèves, dit Proudhon, que peut en produire un agriculteur, dans le temps qu'ils ont mis à faire leurs poèmes, supposé que la dépense ait été la même !

Que résulterait-il, si l'on accordait la même rétribution à tous les travaux utiles quelconques ? — Il résulterait que ceux qui exécutent des travaux exténuants, périlleux, malsains, répugnants, ne méritent pas de gagner plus que ceux dont les travaux ne comportent pas ces inconvénients ; que les ouvrages exécutés par quiconque est plus ou moins capable de limer des morceaux de fer, de scier et raboter du bois, de couper des morceaux d'étoffe, et d'en confectionner des ustensiles, des meubles, des vêtements, auraient la même valeur que les ouvrages exécutés, dans le même temps, par des mécaniciens, des ébénistes, des tailleurs, ayant un véritable talent dans leurs professions ; alors on n'aurait plus intérêt à s'appliquer, soit à faire beaucoup, soit à bien faire.

Il faudrait admettre aussi, que le dernier des peintres faisant, tant bien que mal, des bons-hommes sur une toile, et qui, à cet effet, aurait passé autant de temps que Raphaël pour faire un chef-d'œuvre, aurait fait un tableau d'une valeur égale à ce dernier, si tous deux ont dépensé une somme égale pour la toile et la couleur ; que les pièces du dernier des auteurs dramatiques, ont la même valeur que celles de Corneille, Racine, Molière, Victor Hugo, si pour faire leurs pièces, ils ont passé autant de temps, usé autant de papier et d'encre ; que la meilleure pièce de ces mêmes auteurs, n'a pas plus de valeur que la plus mauvaise, s'ils ont passé un temps égal à faire l'une et l'autre.

Si l'on suppose que Victor Hugo ait eu un employé pour écrire sous sa dictée, un domestique pour brosser ses habits et cirer ses chaussures, pendant qu'il composait une ode, ce calligraphe et ce domestique, auraient eu droit à la même rémunération que le poète, et cela parce que, pendant le même temps, avec les facultés qu'ils ont ehacun reçu gratuitement, ils ont l'un et l'autre fait ce dont ils étaient capables. De par cette raison, si l'on suppose de même que Gutenberg, pour construire sa presse, ait employé un menuisier, un serrurier, un manœuvre pour la serrer; que Watt ait pris quelqu'un pour tirer le soufflet de sa forge, frapper sur l'enclume, tourner la roue de son tour, alimenter le fourneau de sa chaudière; et que ces ouvriers aient aidé ces deux inventeurs pendant tout le temps qu'a duré le travail de leur invention, ils devraient avoir une rémunération égale à celle de Gutenberg et de Watt eux-mêmes; telles sont les conséquences de ce principe : Toutes les professions, tous les travaux sont équivalents, préconisés par les égalitaires.

Que l'on examine les revendications relatives à la rétribution, et l'on verra que, pour le travail manuel, on réclame une rétribution égale à son produit. Le travail intellectuel, on le reconnaît, peut créer des œuvres d'une valeur très grande, mais on conteste à l'auteur de ces œuvres le droit à une rétribution supérieure à celle des simples travailleurs; ainsi, moins favorisés que ces derniers, les travailleurs intellectuels n'auraient pas droit à l'intégralité du produit de leur travail. On assure que cela est justifié par la science moderne et positive. Quoi qu'il en soit, le bon sens des gens non initiés à cette science se cabre, à la pensée qu'un ouvrier machinalement occupé à un travail, qu'avec une inaltérable tranquillité il fera toute sa vie, chaque jour de telle à telle heure, aura droit à la même rétribution que celui qui, ayant à surmonter de désespérantes difficultés, travaille des années, sans distinction du jour ou de la nuit, sacrifiant ses plaisirs, son bien, afin de réaliser une conception comportant des avantages dont tous profiteront. S'il est justifié par la science qu'il ne mérite pas une rétribution journalière supérieure au premier, on peut douter que cela ait l'assentiment de la conscience, de la la raison ; que ce soit compatible avec la justice et conforme à la maxime : A chacun selon ses œuvres, les services qu'il rend !

D'où vient l'erreur des égalitaires dans la détermination de la valeur des produits du travail. — L'erreur des égalitaires vient de ce que, dans l'évaluation de la valeur des produits du travail, ils ne considèrent, comme éléments de cette valeur, que la force, le temps et la matière employés, et ne tiennent nul compte de l'intelligence, élément cependant indispensable à tout travail, puisque, même le transport d'une pierre ne saurait être effectué sans sa participation ; en effet, mit-on en présence d'une pierre une machine, un cheval, ces deux agents de force y resteraient indéfiniment, si personne n'était là pour aider et diriger l'opération ;

l'intelligence étant un élément indispensable de tout travail doit, de même que la force, entrer comme élément dans l'évaluation de son prix et y compter proportionnellement à son intervention ; en omettant cet élément de la valeur des produits du travail, les égalitaires commettent une erreur de calcul.

L'intelligence étant donc un agent de production, aucune raison ne justifie qu'elle ne soit pas rétribuée ou qu'elle reçoive une rétribution inférieure à la valeur de ce qu'elle produit. C'est ce que reconnaît M. Veyssier, ouvrier peintre en bâtiment, délégué par l'Union des chambres syndicales ouvrières de France, dans le discours prononcé à la fête syndicale du 13 juillet 1884 : « C'est folie, dit-il, de vouloir niveler les apti-tudes et les ressources. Celui qui dépense une somme considérable de travail et d'intelligence a plus droit au capital que celui qui ne fait rien pour l'acquérir. Partant de ce principe, nous respectons profondément l'industriel, le commerçant, le fabricant qui a débuté dans sa fabrique, son industrie ou son commerce, avec son capital-travail, et qui est parvenu à acquérir le capital-argent (1). »

Pourquoi donc, lorsque les forgerons, les tourneurs, qui ont construit les machines de Fulton

____

(1) *Bulletin de la Participation aux bénéfices*, p. 195, 1884. Librairie Chaix, rue Bergère, n° 20.

et de Stéphenson, ont droit à un salaire équivalent
à ce qu'ils ont produit avec leurs bras, ces deux
grands inventeurs, qui ont doté le monde de si
grands bienfaits, n'auraient-ils pas droit, eux, à
une rétribution équivalente à ce qu'ils ont produit,
parce qu'ils ont effectué leur travail avec leur intelligence? Soutenir qu'ils n'ont pas ce droit, c'est
implicitement admettre que l'intelligent est pré-
destiné au servage, au profit des indolents, des
incapables. Est-ce raisonnable? Est-ce juste?

On peut, comme Proudhon, épiloguer, à l'effet
de savoir si l'*Iliade* vaut plus que les fèves et le
fromage produits dans le même temps, avec la
même dépense; à bon droit, on peut soutenir que
le travail de celui qui porte des pierres dans une
hotte, équivaut au travail de celui qui tourne une
roue; mais, quelque spécieuses que soient les
raisons qu'on puisse invoquer, il n'est pas aussi
facile de montrer que la valeur de ce qu'ont produit Fulton et Stéphenson, en inventant les bateaux
à vapeur et les chemins de fer, laquelle, assurément,
peut être évaluée à de nombreux milliards, ne vaut
ni moins ni plus que le produit du travail d'un
porteur de pierres, ou d'un tourneur de roue, effectué dans le même temps.

Si l'on s'en rapportait aux faits et gestes des
plus forcenés égalitaires, on pourrait croire que,
bien qu'ils l'invoquent sans cesse, ils ont pour
l'égalité une invincible antipathie; leurs actes, en
effet, démentent scandaleusement leurs principes

relatifs aux salaires ; bien que, devancés par Homère, ils aient eu la contrariété de ne pouvoir faire l'*Iliade*, ils consentent pourtant, sans le moindre scrupule, à empocher au moins autant que dix à quinze producteurs de fèves ou de fromages. Intarissables d'imprécations contre les iniquités sociales et de gémissements sur les misères du peuple, pour attester par leurs actes la sincérité de leur amour de l'égalité et leur cordial altruisme pour leurs frères déshérités, avec la quiétude que donne le sentiment du devoir accompli, rien que pour leurs cigares, ils dépensent en un jour, ce qui serait plus que suffisant pour les besoins de toute une famille pauvre. Sous la Commune, les simples citoyens recevaient 1 fr. 50 par jour, et les membres du gouvernement recevaient 15 francs. Vit-on conseiller municipal, député égalitaire, protester contre l'élévation de sa rétribution ; refuser un jeton de présence d'une quinzaine de francs, pour assister à une commission, etc., etc.; de leur aveu pourtant, l'argent qu'ils reçoivent est prélevé sur la dépense de travailleurs, dont un trop grand nombre gagnent à peine pour le strict nécessaire !

Dans les ateliers, où foisonnent les égalitaires, a-t-on jamais vu les ouvriers gagnant 15 francs par jour partager en frères avec ceux qui gagnent 3 francs ? On a vu quelquefois des ouvriers dissiper un héritage ; on n'en connaît guère qui l'aient dissipé en le partageant avec leurs frères pauvres ;

les faits l'attestent évidemment, si les égalitaires sont très désireux de partager avec ceux qui possèdent plus qu'eux, avec ceux qui possèdent moins, ils s'en tiennent à la pure théorie ; leur amour de l'égalité est tout platonique ; qu'ils soient simples travailleurs, fonctionnaires, mandataires, on le voit, les égalitaires trouvent, avec les grosses rétributions, la fraternité, l'égalité des salaires, des accommodements ! D'égoïstes individualistes ne pensant qu'à eux-mêmes, agiraient-ils autrement ?

Les hommes ayant des capacités inégales, l'égalité absolue est évidemment une impossibilité. Que l'on fasse aujourd'hui le partage rigoureux de toutes choses ; dans un an, par leur activité, leur industrie, leur ordre, leur sobriété, les uns auront augmenté leur avoir, tandis que d'autres l'auront en tout ou en partie dissipé ; dans quelques années, alors, pour rétablir l'égalité, il faudrait prendre ce que possèdent ceux qui auraient augmenté leur bien, pour le donner à ceux qui auraient dissipé le leur : c'est d'une légitimité plus que douteuse.

Pour établir l'égalité des richesses sans léser personne, il n'y a d'autre moyen que d'établir l'égalité des capacités chez tous les hommes ; il paraît que la crâniculture en offre le moyen. La *Pensée nouvelle*, qui eut pour rédacteurs ceux de la *Libre-Pensée*, au nombre desquels étaient MM. A. Naquet et Clémenceau, assure, en effet, p. 244,

4.

que la science moderne est en possession de moyens promettant de la culture du cerveau, le même succès que de la culture des poissons et des huîtres (*Voir* p. 168).

Supposé, malgré l'assurance de la *Pensée nouvelle*, que la science moderne ne parvienne pas à trouver le moyen de rendre le cerveau de tous les citoyens également capables, afin d'empêcher que nul, par son intelligence, ne soit plus industrieux, et par suite, ne devienne plus riche que les **autres**, on pourrait, pour rendre tous les hommes égaux. tourner la difficulté en les abrutissant tous également; certains faits d'expérience l'attestent, on parvient plus facilement au dernier résultat qu'au premier. Si l'on ne rend pas tous les hommes également capables, actifs, sobres, etc., ou également bêtes, incapables, évidemment l'égalité ne sera qu'un mot; comme par le passé, les mieux doués, les plus industrieux, les plus ordonnés, les plus sobres, deviendront plus riches que les autres, à moins qu'au profit de ceux-ci on ne les exproprie du fruit de leur travail.

L'égalité des salaires n'incite-t-elle pas à l'indolence? — L'intérêt personnel est le plus grand stimulant de l'activité humaine; personne ne travaillant avec plus de courage que lorsqu'il est assuré d'une rétribution proportionnée à ses efforts, si l'on établissait l'égalité des salaires, il en résulterait inévitablement un amoindrissement de l'activité des travailleurs, et ainsi que cela a été observé, le produit de chacun se réduirait à la limite de ceux qui produisent le moins. Il en serait partout, comme dans les administrations et établissements gouvernementaux : « Dans un temps où tout va plus vite, la besogne administrative va toujours plus lentement. — Partout on cherche à produire, avec un minimum de forces, un maximum d'effet. Ici, au contraire, à mesure que croissent la dépense et le nombre des fonctionnaires, diminue la rapidité du travail accompli. Il n'est pas d'usine administrée de cette façon qui ne fut ruinée au bout d'un temps très court (1). »

On lit dans la *Réforme sociale* du 1ᵉʳ juillet 1886, à propos de la fabrique de tapisserie de Beauvais : « La fabrique de tapisserie est une manufacture de l'Etat, avec son vrai caractère de perfection dans le travail et d'insouciance dans le prix de revient. — Les ouvriers n'ont pas un salaire proportionnel aux heures de travail ou à la besogne exécutée; ils sont payés à l'année; —ils travaillent lentement et en se vantant des trois années qu'ils mettent à exécuter un mètre de tapisserie; ils paraissent éprouver le sentiment que cette lenteur ajoute encore à la valeur de l'ouvrage. — Ce sont des fonctionnaires qui, comme beaucoup d'autres, ont un emploi d'une utilité contestable.

---

(1) Le *Temps*, 13 janvier 1886.

Ils contribuent à ces gloires que la France est, dit-on, assez riche pour payer. Ils reconstituent, avec leurs collègues des fabriques officielles, une fonction qui, dans l'Église, a été le but des sarcasmes de leurs amis; on pourrait, à juste titre, les appeler les chanoines de l'industrie. » (A. Le Play.)

« Il est une vérité qui ne se discute pas : l'industrie privée construit aussi bien, plus économiquement et plus rapidement que l'Etat. — Dans les établissements de la marine, on met une dizaine d'années pour terminer un cuirassé de premier rang : cela ressort des documents officiels. L'industrie française est outillée pour livrer de tels navires beaucoup plus rapidement. Ainsi, pour ne parler que de l'un d'eux, le *Pelayo*, cuirassé de premier rang espagnol, ce bâtiment sera livré par ses constructeurs en moins de quatre ans. »

« On travaille très mollement dans la plupart des établissements de l'Etat. L'ouvrier qui a de puissants patrons n'ignore pas qu'on hésite toujours à se priver de ses services, même quand ils sont plus que médiocres... Quelle que soit son aptitude professionnelle, l'ouvrier est à peu près certain de faire partie du personnel de l'arsenal jusqu'au jour où il a droit à sa retraite, et il passe ainsi de la situation de salarié à celle de pensionnaire de l'Etat (1). »

---

(1) Le *Temps*, 22 janvier 1887; 10 février 1888.

Tout employé de la même catégorie recevant le même traitement, quel que soit le travail effectif produit, en prend à son aise. Qu'au lieu de payer les ouvriers selon ce qu'ils produisent, on les paye tous également comme les employés de l'Etat, et ils travailleront avec le zèle et l'activité de ces derniers.

Ce que rapporte M. Fougerousse de l'Association des charrons et des menuisiers l'atteste (*Voir* p. 64), les ouvriers capables ne consentent pas long-temps à n'être pas plus payés que les ouvriers médiocres; lorsqu'il en est ainsi, ils se décou-ragent; ils quittent l'Association, à moins qu'on ne les paye selon ce qu'ils produisent, ou qu'on exclue ceux qui ne méritent pas un salaire égal au leur.

M. Muguet, trésorier du syndicat des peintres sur porcelaine, disait à la commission des 44 : « Un ouvrier gagne 7 francs par jour ; il travaille aux pièces, il gagne 10 francs (1). » Cela atteste bien que l'on travaille avec plus d'ardeur, lors-qu'on reçoit la récompense de sa peine. Qui donc voudrait faire des efforts dont il ne re-cueillerait pas le prix? Qui donc passerait les jours, les nuits à la recherche de quelque perfec-tionnement, de quelque invention et aventurerait son avoir pour y parvenir, lorsque d'autres passent leurs loisirs à s'amuser ou à se reposer? S'ils

---

(1) Procès-verbaux de la dite commission, p. 43.

ne devaient recevoir que la rétribution de tout autre, l'énergie des fondateurs des grandes et souvent hasardeuses entreprises, n'étant plus stimulée par l'espoir d'une rémunération proportionnée à leurs efforts, serait paralysée. L'égalité des salaires détruirait toute émulation et n'amènerait qu'une égalité de misère ; les incapables, les indolents auraient la triste satisfaction, manifestation d'une basse envie, de se dire : au moins personne n'est moins misérable que nous ; une pareille organisation serait nuisible même à ces derniers ; car, indirectement, ils profitent des richesses créées par les promoteurs des améliorations. (*Voir* p. 70.)

En résumé donc, deux opinions sont en présence, relativement à la rétribution du travail, et chacune a ses partisans. D'une part, il y a les individualistes ; ils prétendent que l'on doit gagner selon son travail, ses capacités ; exclusivement jouir de ce qu'on en obtient ; que, quel qu'il soit, on ne doit élever aucune prétention sur le fruit du travail des autres. Il y a, d'autre part, les égalitaires, qui n'entendent pas ainsi les choses ; comme on l'a vu dans ce qui précède, indépendamment du droit au fruit de leur travail, ils prétendent avoir droit à une part du fruit du travail de ceux qui produisent plus qu'eux ; comme dans toutes les questions controversées, chacun des adversaires assure que ce qu'il soutient est seul conforme aux légitimes intérêts de chacun, à la raison, à la justice. Les prétentions des égalitaires à une part de la rétribution de ceux qui produisent le plus, sont elles vraiment admissible ? Tout homme ayant droit à la libre disposition du produit de son travail, le formel assentiment de celui qui en abandonnerait une part à ses collègues, pourrait, semble-t-il, seul légitimer qu'ils se l'attribuent ; dans le cas où certains feraient cette concession, saurait-on s'en autoriser pour y contraindre les autres ? Ce n'est donc pas en vertu d'un droit que les bénéficiaires de cette concession en percevraient le résultat ; il ne proviendrait, en effet, que d'un acte de pure générosité. Quant à s'emparer d'autorité du fruit du travail de quelqu'un, cela paraît être le comble de l'injustice ; quelques raisons que l'on allègue, quelques formes que l'on y mette, serait-ce autre chose que soumettre ce travailleur à un véritable servage !

L'égalité des salaires est-elle conforme à la justice ? — La justice consistant à donner à chacun selon ses œuvres, il est évidemment conforme à la justice que celui qui produit beaucoup reçoive beaucoup, et que celui qui ne produit que peu ne reçoive que peu ; quelle que soit la différence entre le gain du premier et du second, les intérêts du dernier ne sont pas lésés ; ce serait une violation de la justice de les rétribuer tous les deux également ; il serait arbi_ traire de donner à l'un le produit du travail de l'autre, surtout le produit du travail du courageux, au flâneur, au fainéant.

On trouve, de la part des patrons, que vivre du produit du travail des ouvriers, c'est boire leur sueur et leur sang; serait-ce par hasard de la limonade, que boirait un ouvrier qui vivrait du produit du travail de ses camarades? Dans l'un et l'autre cas, il y a un citoyen qui vit au détriment d'autrui; pourquoi serait-ce criminel lorsqu'il s'appelle patron et légitime lorsqu'il s'appelle ouvrier? Les ouvriers laborieux et rangés s'illusionneraient, s'ils croyaient gagner à l'admission de l'égalité des salaires, car, plus que probablement, les ouvriers leurs frères, qui boiraient leur sueur et leur sang, seraient bien plus nombreux que ne le sont les patrons, d'où nouvelle et importante atteinte portée à l'intégralité de leur salaire.

Réclamer l'égalité des salaires, c'est renier le droit à l'intégralité du produit de son travail; c'est reconnaître que, par privilège, les uns ont droit à plus qu'ils n'ont produit, ce qui ne peut être, à moins que l'intégralité du produit du travail des autres soit atteinte, dans une proportion plus ou moins importante.

Ceux qui, malgré leur bonne volonté, leurs efforts, ne peuvent produire que peu, sont à plaindre; mais s'ils doivent être l'objet de la sollicitude des capables, leur manque d'habilité au travail ne peut leur conférer un droit sur le fruit du travail de qui que ce soit. Si, par fanatisme d'égalité, on fixait un maximum de production que nul ne devrait dépasser, la société serait appauvrie, au détriment de tous, de ce que les plus capables, les plus actifs, eussent produit, si on eût laissé libre carrière à leur activité. (*Voir* p. 70.)

QUESTIONS DIVERSES, RELATIVES A LA RÉTRIBUTION

Une nation est une société politique, industrielle, etc., où chacun doit être rétribué suivant sa participation. — Il existe entre concitoyens une solidarité. — La hausse des salaires n'offre-t-elle pas aux ouvriers un moyen d'améliorer leur sort? — Il est contradictoire de demander les produits à bon marché, en même temps que de hauts salaires. — Ne devrait-on pas fixer un salaire minimum au-dessous duquel il serait défendu de payer les ouvriers les moins capables? — Les plaintes des ouvriers qui reçoivent un faible salaire sont-elles toutes justifiées? — Est-ce un mal pour le genre humain, qu'il y ait des hommes supérieurs? Est-il injuste qu'ils reçoivent le produit intégral de leur travail? — La rétribution des inventeurs est-elle toujours proportionnée à l'importance de leur invention? — Les œuvres des écrivains, des artistes, n'ajoutant pas, comme celle des inventeurs, à la puissance productive, existe-t-il une raison pour qu'ils soient payés plus que les simples travailleurs? — Nous ne sommes pas frustrés en rétribuant les écrivains, les artistes plus que les simples ouvriers. — Est-il rationnel que les industriels, les commerçants vendent les choses plus qu'elles ne leur coûtent de travail et de frais? — Les commerçants, les banquiers, sont-ils de purs parasites? — Ne pourrait-on faire des lois contre ceux qui s'enrichissent d'une façon malhonnête?

Une nation est une société politique, industrielle, etc., où chacun doit être rétribué suivant sa participation. — On inscrit sur les monuments et les actes publics que nous sommes tous frères ! ce qui est certain, c'est que, membres d'une même nation, d'une même société, à la fois politique, industrielle, commerciale, nous sommes des associés; excepté ceux qui ne peuvent ou ne veulent pas travailler ou vivent d'emplois, de fonctions parasites, exerçant tous une profession, nous concourons à la création de la richesse privée et publique, à l'œuvre nationale; contribuant aux frais de l'administration de la société; astreints à consacrer à sa défense une partie de notre existence, et notre vie même. d'après la raison, l'équité, nous avons évidemment droit, selon notre participation, aux avantages et aux richesses, à la production desquels nous avons concouru. Dans son discours prononcé à l'inauguration de la Liberté éclairant le monde, mai 1885, M. Brisson, président du conseil des ministres, a dit : « Tous les hommes sont égaux; ils possèdent des droits inaliénables..... Paix, liberté, justice, amitié entre les peuples, telle est l'œuvre que nous devons chercher à accomplir ! » Si envers les étrangers on doit observer la justice, à plus forte raison doit-il en être ainsi entre les membres d'une même nation, pour la gloire et la prospérité de laquelle, chacun d'eux emploie son activité. Dans ce dernier cas surtout, il ne doit pas y avoir deux poids et deux mesures; les hautes capacités ne sauraient constituer un titre autorisant à bénéficier, c'est-à-dire à prélever sur les autres, plus que les œuvres ou les services; et ceux qui ne sont capables que des plus humbles professions, collaborateurs indispensables, sans lesquels les mieux doués ne sauraient développer et faire fructifier leurs hautes facultés, doivent être rétribués, selon ce qu'ils produisent, et non, à peu près, comme des bêtes de somme, dont on tire toute l'utilité, tout le profit possible, ce dont ne s'abstiennent pas des citoyens qui discourent ardemment contre l'exploitation de l'homme par l'homme, et débitent les plus éloquentes tirades en l'honneur de la justice.

Il existe entre concitoyens une solidarité. — Il est indéniable qu'entre les membres d'une même nation il existe une solidarité, à laquelle nul ne peut se soustraire ; en effet, envers et contre leur volonté, dans une certaine proportion, indirectement, nous profitons du bien de ceux qui sont dans la prospérité ; il est incontestable, un peu de réflexion suffit pour le comprendre, qu'en toute chose l'abondance profite à tous (*Voir* p. 70) et que la pénurie atteint même les plus favorisés de la fortune ; évidemment aussi les impotents, les malades atteignent nos intérêts ; les secours, les soins qu'on leur donne, sont une charge pour les autres, et les personnes occupées à les soigner pourraient employer leur activité à un travail productif ; nous avons même a redouter la contagion de leurs maladies ; nous souffrons aussi de l'ignorance et des vices de nos concitoyens ; les ignorants, les vicieux, faisant mauvais usage de leurs facultés ou de leur bien, cela souvent les conduit au dénuement, et, finalement, ils deviennent une charge pour les autres ; la solidarité existe même entre les nations, le mal de l'une rejaillit sur les autres ; on sait le tort que causa au monde entier la guerre d'Amérique et la guerre franco-allemande.

Malgré la solidarité qui existe entre les hommes, nous sommes des êtres individuels ; même entre père et fils, ou entre frères, cette solidarité ne saurait aller jusqu'à la confusion des intérêts et de la responsabilité ; bien que secourir son père, son frère, soit un impérieux devoir, il est de toute justice que chacun d'eux réponde de ses actes et reçoive selon ses œuvres et ses mérites ; à plus forte raison doit-il en être de même entre les hommes en général.

La solidarité qui nous lie à eux, nous faisant supporter les conséquences des erreurs et des maux de nos semblables, surtout de ceux de nos concitoyens, ce serait être imprévoyant de rester indifférent à leurs misères morales ou physiques, aux causes qui peuvent les y conduire ; dire : il m'importe peu que les autres soient ignorants et vicieux, cela ne nuit qu'à eux-mêmes, serait montrer que l'on voit les choses seulement à la superficie ; puisque, inévitablement, nous souffrons de la misère, où généralement cela les conduit ; un homme d'habitudes vicieuses est une brebis

5.

galeuse, un levain de misère ; et, lorsque le nombre des misérables est grand, cela devient un péril, car les excitations des agitateurs contre ceux qui possèdent, peuvent entraîner les nécessiteux à des actions abominables. Si les sentiments de confraternité, de justice ne déterminaient pas à rétribuer, selon leurs œuvres, ceux qui collaborent à la production, en exerçant les plus humbles professions, l'intérêt conseille de les rétribuer aussi largement que le comporte la justice, afin de ne pas les réduire à la misère, cette mauvaise conseillère.

En n'observant pas la justice à leur égard, ne perd-on pas tout droit de réclamer qu'ils s'y conforment ? Ne pourraient-ils pas invoquer le déni de justice commis envers eux, pour motiver d'illégitimes prétentions et se livrer à des représailles ?

Leur salaire, est-il besoin de le dire, doit être assez élevé pour que, judicieusement employé, en vivant avec sobriété, avec ordre, il suffise, non seulement à leur subsistance et à celle de leurs enfants, mais encore à les assurer du lendemain contre le chômage, la maladie et de l'extrême pauvreté dans leur vieillesse. Si le salaire des plus humbles travailleurs doit satisfaire à tout cela, à moins de posséder des capitaux, d'être doué de capacités, de talents, accordés par la nature, à un nombre restreint de favoris, ce serait se leurrer qu'espérer actuellement plus du travail de simples ouvriers ; la richesse de la France ne permet pas davantage. (*Voir* p. 145 à 147.)

La hausse des salaires n'offre-t-elle pas aux ouvriers un moyen d'améliorer leur sort? — Le prix des objets étant la somme des mains-d'œuvre payées pour les établir (p. 9), si le cultivateur, le boulanger, le boucher, le cordonnier gagnent le double, le maçon, le tailleur, le chapelier payeront le pain, la viande, les chaussures le double ; si le maçon, le tailleur, le chapelier gagnent aussi le double, le cultivateur, le boulanger, le cordonnier payeront leurs maisons, leurs vêtements, leurs chapeaux le double ; chacun ayant gagné le double et dépensé le double, il n'en sera ni moins ni plus riche ; les salaires étant doublés, la valeur de toutes choses étant par suite doublée, si pour monter un établissement, il fallait un certain capital, dans la supposition, il faudrait un capital double, ce qui serait un nouvel obstacle à l'émancipation des ouvriers, et aurait pour conséquence de grever les produits de doubles frais de capitaux. Si, par suite de l'élévation des salaires, une hausse de prix a lieu sur des objets de superflu, elle peut en restreindre la consommation, soit que les personnes qui en font usage ne veulent pas y mettre un prix si élevé, soit que leurs moyens ne leur permettent plus de les acquérir ; si une hausse de prix a lieu sur des objets de première nécessité, les industries de luxe

en souffrent encore ; lorsque les choses indispensables coûtent cher, il ne reste que peu ou rien
pour les objets de luxe. La hausse des salaires
n'est donc qu'un trompe-l'œil, un avantage illu-
soire si elle est égale et générale ; si elle est partielle, elle profite à ceux en faveur desquels elle
est effectuée, au détriment de tous les autres,
puisque sans compensation, ils supportent une
augmentation sur les objets que les premiers con-
fectionnent. Il n'y a que deux cas où une augmentation partielle des salaires ne soit pas préjudiciable au grand nombre, c'est lorsqu'elle
s'effectue sur des objets consommés exclusivement par la classe riche ou vendus à l'étranger ;
quand elle a lieu sur des objets de consommation
générale, c'est un appauvrissement pour tous ceux
dont le salaire n'a pas augmenté. Bien que lésant
nos intérêts, on ne saurait pourtant se plaindre
d'une élévation de salaires, lorsqu'elle a lieu dans
une industrie où ils sont au-dessous du taux des
autres.

Pour ce qui est des conséquences de la hausse
des salaires, relativement à la vente de nos produits hors de France, il est de toute certitude
qu'une augmentation de 5 0/0 sur les produits de
grande consommation, suffit pour déterminer les
étrangers à porter ailleurs leur clientèle, et même
à importer dans les pays dont les produits pré-
sentent seulement cette différence. Il est acquis
que le haut prix de nos produits nous ferme les

marchés étrangers ; que grâce en partie au bon marché des matières premières, en partie à une plus grande, quantité de produits obtenus pendant une journée plus longue et moins payée, les allemands produisent à meilleur marché que nous, et nous font concurrence chez nous même. Elever le prix de la main-d'œuvre est donc une chose grave, qui ne doit être effectuée qu'avec prudence ; il est à craindre qu'en voulant gagner davantage, on ne tarisse la source du travail venant de l'étranger ; l'élévation de nos salaires est, sans nul doute, en grande partie la cause de la crise dont nous souffrons depuis déjà trop longtemps.

Voici, relativement aux conséquences des hauts salaires, des indications qu'il serait bon de méditer. « Depuis 1877, l'industrie allemande a pris un développement immense ; aujourd'hui elle s'impose partout, même en France, par le bon marché.—Après la guerre, l'Allemagne a consacré cinq années à transformer son outillage ; obéissant à la toute-puissante impulsion de M. de Bismarck, elle a inondé le monde de ses marchandises, et le monde les lui achète, à cause du bon marché (1). »

« Quelques-uns croient patriotique de nier la diminution des opérations de l'industrie et du commerce français à l'étranger. On prétend que la crise est universelle et que la France n'a pas à

---

(1) Le *Petit Journal*, 24 avril 1886.

s'en affecter plus que les autres nations. **Mais cela** n'est point vrai. **M. J.** Siegfried citait tout à l'heure des chiffres à la triste éloquence desquels les optimistes les plus endurcis ne sauraient résister. Pendant les dix dernières années, le commerce extérieur français a baissé d'un milliard ; pendant la même période, le commerce extérieur allemand a augmenté d'un milliard. Pendant les cinq dernières années, le chiffre des produits manufacturés en France a baissé d'un demi-milliard ; pendant la même période, le chiffre des produits manufacturés en Allemagne a augmenté de 6 à 700 millions. Il y a quelques années, la balance du commerce entre l'Allemagne et la France s'établissait à l'avantage de notre pays ; aujourd'hui elle s'établit en faveur de l'Allemagne. L'Allemagne nous envoie plus de produits fabriqués qu'elle n'en reçoit de nous. Si la crise est universelle, il faut donc confesser qu'elle sévit sur notre pays beaucoup plus cruellement que sur d'autres. (1). »

« Ce déséquilibre est effrayant ! — A quoi faut-il attribuer cet état de choses ? M. Amédée Marteau, chargé d'une mission spéciale en Allemagne, résume ses observations en ces termes : « Parmi les causes qui ont concouru à ce développement de l'industrie, et comme conséquence du commerce d'exportation de l'Allemagne, il faut

---

(1) *Le Temps*, 22 septembre 1886.

citer : Le bon marché des principales matières premières, telles que la houille, le fer et le bois ; le bon marché de la main-d'œuvre. La diffusion des capitaux par le moyen des banques populaires... l'esprit d'entreprise qui s'est emparé d'un grand nombre de négociants allemands, et qui les pousse à aller s'établir, ou à établir des comptoirs dans tous les pays du globe, où ils travaillent avec ardeur à la diffusion des produits nationaux. Enfin, dans une large part, aux écoles commerciales, industrielles et d'apprentissage. Il s'y forme un personnel excellent d'ouvriers, de contremaîtres, et aussi de futurs patrons. Cela explique comment l'Allemagne, très au courant des progrès réalisés, possède maintenant, presqu'au même degré que l'Angleterre, l'organisme indispensable à toute nation industrielle, c'est-à-dire un corps de négociants instruits et ardents, qui n'hésitent pas à s'expatrier. Or, c'est là précisément ce qui manque à la France, dont les industriels sont, le plus souvent, obligés de passer par l'intermédiaire de maisons étrangères, pour la vente de leurs produits au dehors. — Tous ces accroissements de trafic avec l'étranger ne se sont pas faits, dit M. Marteau, sans de grands sacrifices pour les industriels, sacrifices qui ont atteint aussi la main-d'œuvre en maint endroit. »
— En Allemagne, l'ouvrier se plie aux nécessités de la concurrence, au lieu de se mettre en grève, — ce qui retombe toujours sur lui ; — il

subit, s'il le faut, une diminution de salaire » (1). Le journal *la France*, 5 octobre 1887, attribue aux mêmes causes la crise que nous subissons.

Il est contradictoire de demander les produits à bon marché en même temps que des salaires élevés. — La presque totalité du prix des objets étant la somme des mains-d'œuvre qui ont concouru à leur production (p. 9), en dépit des assurances contraires, en toutes circonstances, les salaires élevés vont à l'encontre du bon marché des produits ; très fréquemment, pourtant, on voit les mêmes personnes, réclamer des choses inconciliables.

Ne devrait-on pas déterminer un salaire minimum au-dessous duquel il serait interdit de payer les ouvriers les moins capables ? — La fixation d'un minimum au dessous duquel il serait interdit de payer un ouvrier, quelle que soit son incapacité, a maintes fois été réclamée. Est-il bien possible de l'établir, en présence de la concurrence qu'ont à soutenir contre l'étranger, nos industriels et nos commerçants?

Le salaire minimum, étant celui des ouvriers les moins capables, on devrait, semble-t-il, prendre comme tel, le salaire des professions dans les-

---

(1) *Le Petit Journal*, 24 avril 1886.

quelles les travailleurs sont le moins rétribués. Si l'on s'en rapporte aux publications de MM. de Foville, Villey, Emile Chevallier, relatives aux salaires, même dans les départements, où ils sont moindres qu'à Paris, le minimum du salaire des ouvriers de l'industrie est de 3 fr. 55, et celui des simples manœuvres de 2 fr. 98 (1), tandis que le maximum des ouvriers agricoles, en général seraient de 3 fr., sauf dans l'Aisne, où par exception selon M. Risler, il serait de 3 fr. 50. Le salaire minimum des ouvriers de l'industrie, équivaut donc, au moins, au salaire maximum des ouvriers agricoles. Il est constant que le salaire de ces derniers leur suffit pour vivre ; comme c'est parmi eux que l'on recrute les hommes capables d'exécuter les plus rudes travaux, il y a là un indice que, notamment, ils gagnent pour une alimentation qui, si elle n'est pas de nature à satisfaire un gourmet, est saine et réconfortante. Dailleurs, en temps normal, indépendamment de quelque luxe, ce salaire permet à un certain nombre, de mettre à la caisse d'épargne, d'acquérir un petit coin de terre, une petite maison.

Le Conseil municipal de Paris, n'ayant à lutter ni contre la concurrence intérieure, ni contre la concurrence étrangère, fixa, par décision des 7 et 8 avril 1887, un minimum de salaire au-des-

(1) *La France économique*, par M. de Foville, p. 173 ; Guillaumin, rue Richelieu, n° 14.

sous duquel, quelle que soit sa capacité, il est fait défense, aux entrepreneurs, de payer un ouvrier employé aux travaux de Paris; mais, au lieu du salaire minimum ou même moyen, il a pris pour ce minimum, le gain obtenu, par les ouvriers d'une capacité exceptionnelle. Ce salaire considéré comme indispensable, est porté jusqu'à 90 cent. par heure, attendu, dit M. Vaillant que : « Dans les conditions d'existence de l'ouvrier parisien, il y a autre chose que l'alimentation : il y a des besoins intellectuels et moraux. »

Il résulte des paroles de M. Vaillant, que l'ouvrier parisien étant plus perfectionné, que le commun des travailleurs, la rétribution de ces derniers ne saurait suffire à la satisfaction de ses goûts, bien plus relevés que les leurs; c'est implicitement déclarer qu'ils sont l'aristocratie de la démocratie ! Qui se serait attendu à voir les intransigeants égalitaires du Conseil municipal instituer une aristocratie !

Il s'en faut bien, que tous les ouvriers de Paris reçoivent les 90 c. par heure, reconnus indispensables à la satisfaction des besoins qui leur sont spéciaux. Selon les statisticiens, les ouvriers chaussonniers ne gagnent par jour que 2 fr. 25, les cordonniers 3 fr. 50, les cordiers 4 fr., les coiffeurs la même somme (1), et l'on sait quel est

---

(1) *La Question des salaires*, p. 75, par M. Villey, professeur d'économie politique à la Faculté de Caen ; Larose et Forcel, rue Soufflot, n° 22.

lé salaire des femmes. On ne dit pas que M. Hattat, président de la commission des Beaux-arts au Conseil municipal, de son état cordonnier en gros, paie ses ouvriers 8 fr. 10, au lieu de 3 fr. 50, et que, pour prêcher d'exemple, tels autres conseillers aient pris l'engagement de payer leurs moindres ouvriers au taux minimum imposé aux entrepreneurs.

Ainsi, attendu la générosité de nos mandataires municipaux, des ouvriers, des ouvrières, gagnant par jour 3 francs et moins, payent jusqu'à 8 fr. 10, pour neuf heures de travail, des ouvriers employés aux travaux de la Ville, 2,430 fr., si dans un an ils font trois cents journées.

Plus généreux pour eux-mêmes, ce qu'ils reçoivent annuellement est évalué à 4,000 francs. Attendu le temps, qu'après avoir dirigé leurs établissements, ils passent pour administrer Paris, ils reçoivent 15 à 20 francs pour neuf heures d'occupation; c'est leur manière de pratiquer l'égalité, et bien que la loi édicte la gratuité de leurs fonctions, on sait qu'ils réclament les immunités accordées aux députés. N'est-ce pas un aveu tacite que, s'estimant bien plus perfectionnés que leurs électeurs, leurs besoins moraux et autres étant des plus raffinés, ils leur faut 25 francs par jour pour y suffire, et qu'ils sont : l'aristocratie de l'aristocratie de la démocratie! On voit qu'ils ne recherchent pas leur mandat par pur amour pour le peuple.

Un peu de réflexion suffit pour faire comprendre

qu'un salaire minimum imposé, aurait pour inévitable résultat de laisser sans occupation, les ouvriers incapables de le gagner; la preuve en est donnée par une association de menuisiers établie à Montmartre. Dans une visite que M. Fougerousse fit à cette association, son président a déclaré qu'il pratiquait, sans trop de regret, l'égalité des salaires : « D'abord, a-t-il dit, elle m'est imposée par le Conseil municipal, qui nous fait travailler; pas d'égalité de salaire, pas de travail; nous renvoyons impitoyablement tout ce qui ne mérite pas ce salaire égal, qui, bien entendu, est le salaire maximum. Si on ne veut pas que l'égalité des salaires soit la ruine de l'industrie, il faut qu'elle soit la ruine des ouvriers inférieurs; avec elle, il n'y a pas de travail pour ceux-là; ce sont eux qui l'exigent, mais ce sont eux qu'elle frappe. Ils n'ont pas d'autre alternative, dans le régime de l'égalité des salaires, que de mourir de faim ou de devenir aussi bons que les meilleurs. » Une association de charrons, où l'égalité de salaire avait été établie, dut y renoncer parceque, dit son directeur, « les bons ouvriers nous lâchaient (1) ». Comme il n'est pas donné à tous de devenir ouvrier de premier ordre, un minimum imposé, ou l'égalité des salaires pour tous indistinctement, est donc la ruine de l'industrie ou la ruine des ouvriers médiocres, qui ne trouveraient plus à s'occuper.

---

(1) *La Réforme sociale*, 1er novembre 1887.

Les plaintes des ouvriers qui reçoivent un faible salaire sont-elles toutes justifiées ? — Chacun envie une forte rétribution ; malheureusement, tous ceux qui la réclament ne sont pas capables de la gagner ; un grand nombre d'hommes, en effet, sont faibles, maladroits et ne produisent que peu ; s'ils travaillaient pour leur propre compte, quoi qu'ayant le produit de leur travail, il serait insuffisant pour leur permettre une existence aisée ; s'ils travaillaient pour un patron, pour qu'ils puissent avoir une pareille existence, il les faudrait payer autant que les ouvriers les plus capables ; leur rétribution serait d'autant supérieure à leurs œuvres, qu'ils seraient plus incapables, ce que même la bonne volonté ne saurait légitimer. (*Voir* p. 29.)

Quoi qu'on fasse, il y aura toujours des hommes en trop grand nombre hélas ! auxquels donnât-on gratis, comme on le réclame, les capitaux, instruments, machines, etc., employés dans leur industrie, qui, par incapacité, paresse, mauvaises habitudes, bien que recevant le produit intégral de leur travail, ne pourront vivre que pauvrement et se plaindront de leur salaire.

Que quiconque croit avoir à se plaindre de sa rétribution, ne la compare pas à celle des plus favorisés par les talents, la fortune, ni à celle de nos mandataires, et hauts fonctionnaires, mais à celle de ses concitoyens qui, aux prises avec la nature, en lutte constante contre l'inclémence des éléments, remuent sans cesse la terre, afin d'en obtenir nos subsistances, les délectables boissons qui nous mettent en joyeuse humeur; qu'il se rappelle que, pour récompense de leurs durs labeurs, ils reçoivent une rétribution beaucoup moindre que presque tous les ouvriers. (*Voir* p. 61-150.)

L'agriculture est la plus indispensable de toutes les industries; la production agricole dépassant le tiers de notre production totale, elle est aussi la plus importante, et c'est une des plus pénibles. Exercée par près de sept millions de personnes, comptant ainsi plus de la moitié des travailleurs (*Voir* p. 118), le salaire des agriculteurs devrait, ce semble, être comme un étalon auquel, en y comparant celui qu'il reçoit, chacun pourrait apprécier si sa rétribution est moindre que celle de la majorité de ses concitoyens, et si, par conséquent, il a légitime motif de s'en plaindre.

Il est certes peu de travailleurs, ayant plus de peine que les cultivateurs, ou qui, pour un labeur pareil, ayant plus maigre salaire, puissent envier leur sort. L'abandon des campagnes pour les centres industriels, atteste que l'on y trouve l'existence préférable à celle des ouvriers de la terre. La plupart de ceux qui se plaignent de leur sort, le trouveraient moins malheureux si, au lieu de le comparer au sort des riches, qui ne pourront toujours être que des exceptions, ils songeaient à l'existence du cultivateur, laquelle est celle de la moitié de nos concitoyens, nos coassociés qui, participant aux charges de l'Etat, moins que tous les autres profitent de ses munificences ; s'ils se souvenaient que cette existence est la seule que nous puissions obtenir des agents naturels, les richesses ajoutées aux productions agricoles étant dues aux inventions des savants, des industriels, ainsi qu'aux capitaux qui leur procurent les moyens d'en tirer parti. Quiconque ne possédant pas des capitaux dont il tire le produit, n'a pas imaginé ou acquis quelque moyen d'augmenter sa production ; ou comme les artistes et tous les travailleurs de l'intelligence, n'est pas doué de facultés, au moyen desquelles il produise des œuvres d'une grande valeur ; quiconque, en un mot, ne pouvant tirer ses ressources que du travail de ses mains, n'a pas une existence pire que celle des cultivateurs et se plaint de son sort, se plaint sans motif légitime, puisque, n'ayant ni créé, ni acquis quelque moyen auxiliaire de production, il jouit, précisément, de ce que produirait son travail, si mis en possession d'un coin de terre, le seul agent de production à nous donné par la nature, — tous les autres étant notre création, — il s'occupait à en tirer sa subsistance en cultivant : le blé, les légumes, la vigne, etc.

Si recevant pour rétribution de son travail, ce qu'il obtiendrait en faisant fructifier la terre, — quoiqu'ayant pour vivre les mêmes ressources que les millions de cultivateurs, — il le trouvait

insuffisant pour satisfaire à ses habitudes, deve-
nues une seconde nature, — et prétendait avoir
droit à un minimum qui lui en permette la satisfaction (*Voir* p. 152), qui donc, sauf lui-même, ne
jugerait illégitime, sa prétention à recevoir plus
qu'il n'a produit, et à laquelle il ne peut être fait
droit, qu'aux dépens de quelqu'un! Pareille prétention, en effet, ne saurait être satisfaite, à moins
que, selon le scientifique cliché en vogue, combat-
tant le combat pour la vie, par contrainte, habi-
letés, basses roueries, bien qu'honnêtement, il
s'empare du bien de ses frères, afin de se procurer
le minimum auquel il prétend, ou suivant ses
visées, la fortune qu'il ambitionne!

Au nom de l'égalité, beaucoup se plaignent de
ne pas avoir un bien-être égal à celui des autres;
ils disent que tous les hommes ayant le droit de
vivre heureux, cela implique que tous doivent en
avoir également les moyens. On peut à bon droit
semble-t-il, leur répondre, que si on a le droit de
vivre heureux, nul ne devant être le serf ou l'esclave d'un autre, chacun n'a droit qu'au bonheur
que peut lui procurer le fruit de son travail, et
qu'il n'a nullement droit de se rendre heureux, en
s'appropriant le fruit du travail d'autrui. Quel qu'il
soit, quiconque étant valide, consomme plus qu'il
ne produit, à moins qu'il ne vive de ce qu'anté--
rieurement il a légitimement acquis; que son
imprévoyance l'ait mis à la charge de ses concitoyens; qu'il soit fonctionnaire dans une sinécure;

qu'il se nomme patron, bourgeois ou compagnon, c'est un parasite qui vit aux dépens des autres!

Est-ce un mal pour le genre humain qu'il y ait des hommes supérieurs? Est-il injuste qu'ils reçoivent le produit intégral de leur travail? — Si l'on suppose un pays où tous les hommes soient également inintelligents, ils seront tous égaux, mais évidemment leur condition sera plus misérable que celle des hommes qui ne leur sont pas supérieurs, vivant parmi des hommes mieux doués. A quelque fortune que l'on parvienne, si elle ne provient pas de répréhensibles spéculations, etc., mais de la libre et équitable rétribution de travaux, de services, bien qu'elle établisse une inégalité, elle ne porte aucun préjudice, même aux plus pauvres. Fulton, l'inventeur des bateaux à vapeur; Stephenson, l'inventeur des chemins de fer, pour ne citer qu'eux, tous deux, sans autre capital que leur travail, leur intelligence et une persévérance à toute épreuve, sont devenus richissimes; en quoi cela a-t-il appauvri qui que ce soit? Bien qu'ils aient tiré grand profit de leurs inventions, n'ont-ils pas rendu un grand service au monde entier?

Il est indéniable que, sans être un modèle de désintéressement, celui qui possède du superflu regardera moins à bien rétribuer ceux qu'il emploie, à donner aux nécessiteux, que s'il ne possède que le nécessaire ; quand on a en abondance, on est moins parcimonieux ; incontestablement, la richesse faisant naître les industries de luxe, moins pénibles, mieux rétribuées que les autres, suscite les talents et permet, à ceux qui en sont doués, de parvenir eux-mêmes à la fortune ; d'ailleurs, au profit de tous, les finances publiques s'enrichissent de l'impôt prélevé sur les biens de ceux qui ont fait fortune ; ces biens, à leur mort, peuvent, même en totalité, revenir à l'État ; par la force des choses donc, et en dépit même de leur volonté, le bien résultant de l'activité des plus capables, de façon ou d'autre, profite évidemment à tous les hommes. Puisque, indirectement, de diverses manières, nous profitons du résultat des capacités d'autrui, de la fortune qu'ils acquièrent, nous avons donc tout intérêt à ce qu'il y ait des hommes supérieurs ; ce serait folie de les empêcher de se produire, de se multiplier, et injuste de leur contester le droit au produit de leur travail, parce qu'il est intellectuel.

La rétribution perçue par les inventeurs est-elle toujours proportionnée à l'importance de leur invention ? — On peut affirmer qu'une invention a du succès, en proportion de son utilité, de son importance ; mais malheureusement l'inventeur ne profite pas toujours de son œuvre ; parfois le succès se fait trop longtemps attendre ; on voit des inventeurs frustrés de leur invention; on voit l'auteur d'une futilité agréable au public faire fortune, tandis que l'auteur d'une invention importante végétera dans la pauvreté; le pâtissier de la rue de la Lune, pour avoir eû l'idée de faire des brioches à un sou, ce qui ne suppose pas un grand effort de génie, fait fortune; l'inventeur du cri-cri, qui a tant fait souffrir les oreilles du public a, dit-on, fait fortune aussi; et Sauvage, l'inventeur de l'hélice, est mort en prison pour dettes! Comment éviter ces anomalies, ces caprices de l'aveugle fortune? Que faire pour garantir les inventeurs contre la méconnaissance de leurs découvertes; leur assurer une fortune en rapport avec leur mérite et les avantages qu'ils procurent à leurs concitoyens? Le gouvernement peut-il bien, sur les revenus publics, défrayer les auteurs d'inventions dont on ne trouve pas l'emploi avantageux; où en serait-on, si l'on devait donner des subsides à tous ceux qui se mettent en tête de faire des inventions? Il y a beaucoup de gens chez lesquels c'est une véritable maladie; à moins de cas exceptionnels, c'est évidemment aux particuliers ayant foi aux succès de leurs inventions et voulant en courir les chances, et non à l'Etat, que les inventeurs doivent demander aide.

Est-il réel que nul ne peut s'enrichir sans appauvrir les autres ? — La richesse de l'un fait la pauvreté de l'autre, quand cette richesse a pour origine, le privilège des traitements que ne justifient pas les services rendus ; des malversations, certaines combinaisons ou spéculations de mauvais aloi, alors il y a seulement déplacement de valeurs ; mais quand cette richesse est le résultat d'un perfectionnement apporté dans une industrie, celui qui en est l'auteur peut acquérir la richesse tout en faisant une chose avantageuse au public ; Stephenson et Fulton en sont un exemple. La preuve pu'un inventeur fait une chose dont le public tire avantage, se trouve dans le succès même de son invention ; nul n'étant obligé à faire usage d'une invention, le produit qu'en tire son auteur peut être considéré comme la mesure du service qu'il rend à ses concitoyens qui, dans leur ensemble, ont souvent plus de profit que l'inventeur lui-même ; M. Bessmer a, dit-on, fait une fortune de 25 millions, mais chaque année, l'industrie bénéficie de 2 à 300 millions sur la fabrication de l'acier ; le monde a certes retiré des bateaux à vapeur et des chemins de fer bien plus que leurs inventeurs. (*Voir* 172.)

Les œuvres des écrivains, des artistes n'ajoutant pas, comme celles des inventeurs, à la puissance productive, existe-t-il une raison pour qu'il soient plus rétribués que les simples travailleurs ?
— Quoique les œuvres des écrivains, des artistes n'accroissent en rien la puissance productive, on

ne les évalue cependant pas, d'après la force, le temps et la dépense qu'elles ont coûté ; voici une fable de Lafontaine, on sait qu'elle lui a coûté peu de travail, peu de peine, peu de temps et de dépenses, cependant, pour qui est capable de l'apprécier, elle est d'un prix inestimable ; si Proudhon avait été chargé d'en évaluer le prix, il aurait dit qu'elle vaut dix paires de sabots, ou un sac de pommes de terre ; quoique Molière, Lafontaine, tous les grands artistes, aient eu des facultés qui ne leur ont pas plus coûté que celle de celui qui fait des sabots ou des pommes de terre, on estime cependant les œuvres qu'ils en ont tirées bien au-dessus des produits du travail de ces derniers ; cela résulte d'un sentiment intime qui résiste à tout raisonnement et échappe à tout calcul ; nous n'avons aucune unité nous permettant d'apprécier la valeur intrinsèque de ces œuvres ; nous concevons seulement qu'elle est très grande. Evidemment, dans les choses humaines, tout ne peut s'évaluer par l'addition du temps, de la force, de la matière employés ; il en est ainsi de tout ce qui tient à l'intelligence, au sentiment, à l'idéal ; les œuvres provenant de ces facultés répondent à un besoin de notre nature ; elles provoquent en nous, une joie, une admiration, qui nous les font estimer bien au-dessus des choses donnant satisfaction à nos besoins physiques, et nous leur attribuons un prix qui n'a nul rapport, avec le temps et la dépense qu'elles ont exigés ; indépendamment du

haut prix que nous attribuons à leurs œuvres ;
nous glorifions les grands artistes, les grands
écrivains ; nous sommes fiers d'eux ; à grands
frais nous leurs élevons des statues ; on a même
affecté un temple à leur sépulture.

Quoique la rétribution perçue par certains
d'entre eux se chiffre par millions, nul, parmi les
égalitaires, n'élève la voix pour dire qu'ayant déjà
reçu plus que la quote-part à laquelle seulement
a droit tout travailleur, les honneurs qu'on leur
rend sont immérités, et les frais que cela nécessite une dépense surrérogatoire. Contrairement à
la doctrine égalitaire, l'attribution au travail intellectuel d'une rétribution bien supérieure à celle
du travail manuel, est donc un fait auquel acquiescent les plus rigides défenseurs de ladite doctrine, et le public estime devoir aux travailleurs
intellectuels une rétribution, des honneurs auxquels il ne se croit aucunement tenu envers ceux
qui se livrent au travail manuel.

**Nous ne sommes pas frustrés en
payant les artistes, etc., plus que les
simples ouvriers.** — Évidemment, ce n'est
que justice de rétribuer plus qu'un simple ouvrier
les inventeurs et les artistes ; en réalité tout inventeur donne toujours plus qu'il ne reçoit, puisqu'il
crée une source de richesse qui, pouvant être utilisée par tout le genre humain, et pour l'éternité, est d'une valeur indéfinie. Les œuvres des

écrivains, des artistes, sont de même, une source indéfinie de plaisirs intellectuels ; d'ailleurs, si l'on consent à participer à la rétribution d'un inventeur, d'un artiste, c'est qu'on y trouve son avantage ou son plaisir, nul n'étant condamné à se servir d'une machine à vapeur, d'une machine à coudre, s'il trouve plus avantageux de se servir des bras, etc., comme force motrice ou de coudre à l'aiguille ; personne n'étant non plus obligé d'acheter les tableaux de Courbet, les œuvres de Victor Hugo, d'aller voir représenter ses pièces, si on les trouve trop exigeants pour leur rétribution. Les rétributions élevées sont injustes quand elles sont acquises par ceux qui ne rendent pas des services en proportion de ce qu'on leur paye ; il n'en peut être ainsi de celles que le public paye librement, surtout quand il s'agit d'objets d'agrément et non de nécessité.

Est-il rationnel que les industriels, vendent les choses plus qu'elles ne leur coûtent de frais et de travail ? — Selon la raison, la justice, tout échange devant être fait contre une valeur équivalente, donner moins qu'on ne reçoit, exiger plus qu'on ne donne, est également injuste, surtout entre coassociés, confrères, collaborateurs ; il résulte de là, qu'un patron ne peut, légitimement, sur le travail de ses employés, ses collaborateurs, rien prélever, au delà de ce qui est nécessaire : à l'intérêt de ses capitaux ; aux frais de ses machines ; à sa garantie contre les risques et périls ; à sa rémunération, pour son travail, d'invention, d'initiative, de vigilance, d'administration, etc. Ces frais inévitables s'ajoutant au coût des produits, rend impossible qu'avec la somme reçue pour faire un certain objet, un ouvrier puisse racheter ce produit de son travail. Si toute participation de l'activité d'un chef d'industrie doit, comme celle de tout travailleur, être rétribuée à sa juste valeur, toute surélévation de prix ne correspondant pas à quelque travail ou service, tout bénéfice proprement dit, est un prélèvement arbitraire sur ses employés ou sur ses acheteurs, que rien ne motive, sauf son intérêt, dont la quotité n'est basée sur aucune donnée rationnelle.

Les commerçants, les banquiers, ne sont-ils pas de purs parasites? — Si l'on suppose qu'à l'exemple d'Icarie, de même que la fabrication des poudres, du tabac, des tapisseries, etc., toutes les industries soient sous la direction de l'Etat, il faudrait bien des fonctionnaires pour administrer, prendre soin des magasins, distribuer les comestibles, les vêtements, etc. Les chefs d'établissements commerciaux sont l'analogue des administrateurs, des employés des magasins gouvernementaux; seulement, au lieu d'être embrigadés et payés par l'Etat, ils remplissent leurs fonctions sous leur propre responsabilité,

non aux risques de la bourse des contribuables,
mais de la leur, et il est établi qu'ils s'en acquittent
à moins de frais que les fonctionnaires gouvernementaux. (*Voir* p. 43-44.) La rétribution des commerçants rémunère des services multiples. D'abord
ils sont aux affaires tard et matin; s'il y en a qui
les quittent le dimanche, beaucoup ne prennent
pas ce repos, certains ne le peuvent, leur commerce ayant pour objet la récréation du public;
jamais les commerçants ne chôment le lundi, etc.;
naturellement, leur rétribution comme distributeurs, doit être en proportion avec le temps
qu'ils y passent, et leurs fonctions d'administrateurs, de magasiniers, de conservateurs, de marchandises ne sauraient être gratuites. Etant obligés de posséder un approvisionnement qu'ils
tiennent à la disposition des consommateurs, et
qu'ils leur distribuent selon leur convenance,
ils ont droit à l'intérêt des capitaux que cela exige,
à leurs frais de magasin, à une garantie pour les
avaries, les risques et périls qu'ils courent.

De même un banquier a droit à une rétribution
comme receveur, payeur, etc., au même titre que
les fonctionnaires de l'administration publique
effectuant des opérations analogues. Ils ont droit
à l'intérêt de leurs capitaux, à une certaine somme
pour leurs risques de pertes, qui n'existent pas
pour les financiers gouvernementaux.

Les profits des commerçants et des banquiers
sont évidemment légitimes, lorsqu'ils n'excèdent

pas la valeur des services qu'ils rendent. Serait-il vrai que ceux qui bénéficient dans ces limites, sont aussi introuvables que le merle blanc?

Constatons que, trop souvent hélas ! de cupides commerçants font fortune, par la fraude, les falsifications; en accaparant les marchandises; en se concertant, afin de prélever un bénéfice disproportionné avec le service qu'ils rendent. Lorsqu'il s'agit de denrées de première nécessité, n'est-ce pas véritablement demander la bourse ou la vie?

Lorsque les intéressés le voudront sérieusement et avec persévérance, ils pourront s'affranchir des prélèvements excessifs opérés par les fabricants et les marchands; les sociétés coopératives leur en offrent le moyen.

Ne pourrait-on pas faire des lois contre ceux qui s'enrichissent d'une façon malhonnête? — Il est bien à craindre que les lois soient impuissantes, pour détourner les hommes de s'enrichir par des moyens répréhensibles; pour les dissuader de s'enrichir à ce prix, il n'y a d'autre moyen que de les habituer à mettre l'honnêteté au-dessus de la richesse; à mépriser celui qui l'acquiert malhonnêtement; ce que l'on cherche surtout dans la richesse, c'est le pouvoir, c'est le prestige, la considération, et nul ne rechercherait une richesse qui aurait pour résultat de le vouer au mépris; ce sont les

hommes, bien plus que les lois, qui sont à ré-
former ; si l'on ne peut guérir les hommes de
l'avarice, de la vanité, de l'orgueil, de l'égoïsme,
pour la généralité, les grands biens servent surtout à satisfaire tout cela ; si l'on ne peut mettre
dans leur esprit qu'à bon droit on ne peut être
fier, on ne peut jouir avec une entière satisfaction, que du bien loyalement acquis par son travail, son industrie, son intelligence, en respectant
les droits, les intérêts d'autrui ; — quiconque a
quelque fierté ne devrait-il pas se sentir humilié,
de jouir d'un bien résultant du travail d'un autre,
quelle qu'en soit la provenance ? — Si, en paix on
peut jouir d'un bien mal acquis ; si l'on continue
à se prosterner devant le coquin cousu d'or ; que
l'on fasse loi sur loi, cela sera inefficace ; on saura
toujours les éluder ; tant que, quelle que soit son
origine, la richesse procurera : jouissance, pouvoir, considération, chacun voudra devenir riche,
et toutes voies seront bonnes pour y parvenir !

Incontestablement, l'ouvrier, aussi bien que l'industriel, le commerçant, ne cherche que son plus
grand intérêt ; peu de personnes prennent en considération l'importance du service qu'ils rendent,
la valeur intrinsèque de l'objet qu'ils vendent,
pour en fixer le prix et déterminer leur rétribution ;
en général on n'a, à cet effet, d'autre règle que
de gagner le plus possible ; ce n'est que contraint
par l'abstention des acheteurs, que l'on consent à
rabattre de ses prétentions. Ainsi le blé et le bétail

sont à bas prix, et nous payons cher le pain et la viande. Ce que les vignerons de Bercy et leurs similaires nous vendent, leur coûte quelques centimes le litre ; ils nous le font payer au prix du Bourgogne et du Bordeaux vrais ; et ces viticulteurs en chambre, appliquant la synthèse chimique à la production du vin, au détriment de notre bourse et de notre santé, font de colossales fortunes. Édifiante négociation ! Il a été divulgué que, lors des dernières élections, les candidats députés de Paris et les marchands de vin au détail, maintenant entrepreneurs de succès électoraux, convinrent que ceux-ci emploieraient leur influence sur leurs clients pour assurer leurs voix auxdits candidats. De leur côté, ces derniers se sont engagés, s'ils étaient élus, à faire voter une loi, autorisant les artisans de leurs succès, à vendre, aux susdits clients électeurs, le simili-vin, additionné d'autant d'eau qu'ils le jugeraient convenable, pour faire honnêtement leurs affaires, sans qu'ils aient à craindre les poursuites pour fraude, ni que cela porte la moindre atteinte à leur honorabilité, et puisse, comme par le passé, les faire priver de leurs droits civils ou politiques. Qui ne sait que, bien qu'elles soient de coton, les marchands vendent leurs étoffes pour de la laine ou de la soie, parce qu'elles ont l'apparence des tissus faits de ces matières. Et le génie des employés, des fonctionnaires de l'administration publique, des officiers ministériels de tout ordre, des financiers, etc., n'est-il pas vraiment d'une inépuisable fécondité, pour trouver le moyen de grossir leurs émoluments et honoraires? Les mémoires si célèbres des apothicaires, ne sont plus que jeux d'enfants auprès des leurs! On le voit donc, à quelque profession qu'il appartienne, quiconque vend des produits, du travail, des services, trouve légitime de faire payer les siens le plus qu'il peut, et d'obtenir ceux des autres au plus bas prix possible. Chacun proteste de son équité, et même de son désintéressement; mais en fait, petit ou grand, riche ou pauvre, trouve que les choses vont au mieux, et sont suffisamment justes, lorsqu'elles sont favorables à son intérêt; et les pauvres qui reprochent aux riches leur cupidité, ne sont nullement pauvres par abnégation de leurs intérêts; ceux d'entre eux qui s'enrichissent ne sont rien moins que renommés pour leur générosité.

Il n'est personne qui ne comprenne que nulle loi ne serait efficace pour changer cet état de choses; qu'il en sera de même, aussi longtemps qu'au lieu de baser leurs actions sur le juste, le bien, l'honnête, les hommes les baseront sur l'intérêt; que le seul remède à y apporter, est d'en appeler à l'esprit de justice, à la conscience. On ne devrait jamais oublier, qu'ouvriers, employés quelconques, acheteurs sont des collaborateurs, des coassociés, des frères! à qui, dans les échanges, on doit donner l'équivalent de ce qu'on reçoit d'eux, et non des gens sur lesquels on peut légi-

timent bénéficier, à merci et miséricorde ! Ainsi
que le disait M. Ravaisson à l'Académie des sciences
morales et politiques le 27 mars 1886 : « Ce qu'on
appelle la question ouvrière, et plus généralement
la question sociale, c'est une réforme morale qui
rétablirait la réciprocité des dévouements et des
services ; cette réforme doit résulter d'une éduca-
tion nouvelle donnée à la nation ; c'est aux classes
supérieures qu'il appartient de l'entreprendre, mais
en commençant par elles-mêmes (1) ». Noblesse
oblige !

----

(1) *La Réforme sociale*, 15 juin 1886.

LA RÉTRIBUTION LÉGITIME DU CAPITAL

> Si quelqu'un vous dit que vous pouvez vous
> enrichir autrement que par le travail et l'économie,
> ne l'écoutez pas, c'est un empoisonneur. (FRANKLIN.)

LE CAPITAL ; SON ACQUISITION

Qu'appelle-t-on capital? — Les capitaux procurent à l'industrie de grands avantages, une grande puissance. — Acquérir un capital doit être la constante pensée du travailleur pauvre. — Est-il nécessaire de se priver de repos, de plaisir, afin d'amasser un capital? — Est-il possible à tous les hommes, aux pères de famille, d'acquérir un capital? — Ce serait une triste existence de ne songer qu'à mettre sou sur sou. — Si tout le monde épargnait, le commerce n'en souffrirait-il pas?

Qu'appelle-t-on capital? — On appelle capital, l'ensemble des choses destinées à l'obtention de nouveaux produits; ainsi, les outils, les machines, les marchandises, les bateaux, les routes, les chemins de fer, les bâtiments affectés au travail, etc., sont des capitaux.

Les capitaux procurent de grands avantages, une grande puissance à l'industrie. — Le capital ne procure pas seulement des avantages très grands à l'industrie, il en est l'agent le plus indispensable ; sans outils, sans machines, sans matières premières, sans provisions, il est impossible de rien faire ; ce que l'on peut fabriquer par le seul emploi de ses mains est à peu près nul ; un agriculteur qui n'aurait ni bêche, ni charrue, ni chevaux, ni semence, ni provisions, qui lui permissent de vivre en attendant la récolte, serait dans l'imposibilité de cultiver ; dans toute industrie, il faut des outils, des **matières premières**, des moyens de vivre, **en attendant** que le produit soit fabriqué et vendu. Sans le capital, l'homme ne saurait dominer la nature ; il resterait éternellement son esclave et ne pourraient s'élever au-dessus de l'état sauvage. Le capital est l'arme au moyen de laquelle l'homme s'affranchit, conquiert l'indépendance, le bien-être, la richesse. Sans capital, un homme fût-il doué des plus précieuses facultés, est impuissant ; il ne peut les utiliser ; il est voué à une éternelle **dépendance** ; il est à la merci de ceux qui le possèdent ; aussi, n'est-il ni efforts, ni sacrifices, que l'on ne doive faire pour obtenir un capital !

Acquérir un capital doit être la constante pensée d'un travailleur pauvre. — Le capital étant l'instrument qui permet à la fois d'épargner la peine, de multiplier les produits, la pensée constante de tout homme soucieux de la prospérité, de la sécurité de son avenir, doit être de se procurer un capital ; de nombreux exemples montrent que le capital le plus modique, employé par des hommes intelligents, courageux, persévérants, leur a ouvert la voie de la fortune ; si tous les travailleurs ne sont pas assez heureusement doués pour une telle prospérité, il en est assurément bon nombre, qui pourraient amasser un pécule capable de s'assurer contre la misère ; beaucoup, dans leurs vieux jours sont dans la pénurie, pour avoir dissipé tout leur gain en plaisirs, et réglé leur vie sur cette maxime des joyeux enfants d'Épicure :

> Nous n'avons qu'un temps à vivre,
> Ami, passons-le gaiement :

Ayant pris un paradoxe, un jeu d'esprit, pour un principe de conduite, ils se sont aperçus, mais trop tard, que l'existence est plus longue que ne le dit la chanson, et que tout dans la vie ne consiste pas à sabler le bon vin, et à carresser Suzon ou Lisette ! Un travailleur pauvre, dépensant en plaisirs, en luxe, ce qu'il pourrait économiser, pour se procurer les moyens d'exercer sa profession, ressemble à un cultivateur qui, au lieu de se procurer des engrais, une charrue, achèterait un cabriolet pour se promener, moudrait sa semence pour se faire de la galette, et s'ôterait ainsi les moyens de faire fructifier sa terre ; les fonds, l'outillage, sont la semence, la charrue du commerçant et de l'industriel. Combien de gens, au lieu de se créer un capital, un outillage, faisant comme ce cultivateur, dépensent en luxueuses futilités, de quoi former un capital qui leur donnerait le moyen de tirer le parti le plus avantageux de leur intelligence, de leur activité, et restent toute leur vie dans la dépendance, pour avoir commencé par se donner des plaisirs !

Est-il nécessaire de se priver, soit de repos, soit de plaisirs, afin d'amasser un capital ? — Le bourgeois, cela est de notoriété, est invinciblement porté à l'économie ; c'est en se livrant sans frein, avec excès — ce qui est un défaut — à ce penchant, que, faisant épargnes sur épargnes, il parvient même à s'enrichir, et l'économie politique bourgeoise, fait de l'épargne, une vertu cardinale. Mais l'économie politique bourgeoise est vieille comme Hérode, et dans les réunions, les congrès, où les économistes du progrès, qui ne s'en rapportent qu'à la science la plus avancée, exposent leurs doctrines, ils prouvent scientifiquement qu'épargner pour se procurer le capital est arriéré. On a pu entendre ces économistes, ennemis jurés de l'économie, s'élever avec violence contre ceux qui, en vrais bourgeois, conseillent d'épargner, et contre les ouvriers qui pratiquent l'épargne ; ils les accusent de lâcheté, de trahison ; selon ces économistes, pour se procurer le capital, il faut tout simplement, exproprier ceux qui le possèdent et se l'attribuer. La légitimité de cette méthode d'acquisition — qui n'est pas sans quelque ressemblance, au moins apparente, avec celle que pratiquent journellement les hôtes de Mazas — ne fait, pour ses partisans, aucun doute ; on doit convenir qu'elle possède l'avantage d'être incomparablement plus expéditive que la méthode bourgeoise, dont la lenteur est si désespérante, qu'elle éloigne nombre de gens d'essayer même de la pratiquer !

Ce que proposent ces économistes, c'est le rétablissement de la confiscation, tant reprochée aux anciens rois ; quel accroc aux principes de 89 ! Quoique cela soit enseigné au nom de la science moderne, bien des gens, attardés sans doute, pensent encore que, selon la Déclaration des Droits de l'homme : nul ne peut être privé de sa propriété, sans une juste et préalable indemnité ; ils estiment, que, soit qu'on l'exerce au nom du roi, soit qu'on l'exerce au nom du peuple, la confiscation est réprouvée par la raison, la justice, l'honnêteté.

Quoiqu'en disent les économistes du progrès, le travailleur ne peut acquérir des capitaux pour exercer son industrie ou assurer son avenir, que par l'économie. Si l'on suppose, en effet, qu'un homme seul dans une île, veuille avoir des rentes, force lui serait bien, pour y parvenir, d'économiser une partie du produit de son travail ; s'ils étaient dix, cent, des millions, qui voulussent avoir des rentes, à moins qu'ils ne s'emparassent du bien de leurs voisins, on ne voit pas comment ils pourraient y parvenir, sans que chacun d'eux s'oblige à économiser. Cependant, nombre de citoyens qui font foin des caisses d'épargne et de prévoyance, accusent la société de manquer à son devoir envers eux, parce qu'elle ne leur fait pas une rente quand ils sont vieux ; cette rente évidemment, ne saurait leur être accordée, à moins d'augmenter les impôts, c'est-à-dire, à moins de faire subir aux contribuables, sur le produit de leur travail un prélèvement, que, pour constituer la rente qu'ils réclament, lesdits citoyens n'ont pas jugé devoir opérer, sur le produit de leur propre travail.

Les rentes ne tombant pas du ciel, celui qui n'a pas pu, ou n'a pas voulu économiser, étant devenu nécessiteux, ne peut, en effet, d'une façon directe ou indirecte, que vivre aux dépens des autres. Jusqu'ici les nécessiteux ont vécu de la bienfaisance ; mais on trouve que recevoir d'autrui sa subsistance, lui en devoir obligation, est offensant pour des citoyens. Pour remédier à cela, on le sait, on propose de mettre un impôt fort et progressif, sur ceux qui amassent du bien, et de prendre une grosse part de leur héritage ; au fond, est-ce autre chose qu'une confiscation, qu'une expropriation dissimulée ? Appliquer à quelqu'un, un impôt exceptionnel, se montant au revenu d'un capital de 100,000 francs, par exemple, n'est-ce pas absolument comme si on le dépossédait de ce capital ? Ce n'est plus en effet, pour lui, qu'une propriété fictive que — ce qui semble être une ironie — il a la charge de gérer, de conserver, au bénéfice de ceux qui profitent du revenu qu'elle produit. En sorte que ces derniers jouiraient d'un bien que, non seulement ils n'auraient pas gagné, mais de la gérance duquel ils n'auraient même pas à s'inquiéter? Ce que l'on se propose de prélever ainsi, doit servir à exonérer de leurs impôts etc., les citoyens qui, conformément aux bons et scientifiques principes économiques, auront tout dépensé au jour le jour! C'est en réalité accorder à ceux qui ne sont pas industrieux, laborieux ou économes, le droit de vivre du bien acquis par ceux qui le sont; c'est élever le parasitisme à l'état d'institution?

Selon M. Clémenceau: « Il appartient à la République vraie... d'assurer à quiconque travaille le produit intégral de son travail. » S'il en est ainsi, mettre sur certains des impôts exceptionnels au profit d'autres citoyens, ne saurait appartenir à la République vraie, où il faudrait prouver, que prendre aux uns pour défrayer les autres, une partie de ce qu'ils ont gagné, ne les empêche pas d'en avoir la jouissance intégrale! Toujours est-il que, bien que l'une exclue l'autre, ces deux propositions sont inscrites au programme de la République vraie! Cette République est, on le voit, des plus accommodantes, elle donne satisfaction à tous; aux fourmis, elle promet la jouissance intégrale de ce qu'elles amasseront; aux cigales, elle

promet de leur partager le bien amassé par les fourmis. Tel est ce que promet d'établir M. Clémenceau
lorsqu'il sera au pouvoir. Tous les hommes d'Etat
qui professent la politique positive, assurent que
c'est le dernier mot de la science intégrale, sur
laquelle sont basés la justice, le droit moderne et
nouveau. N'est-il pas probable que les fourmis
se lasseraient vite, de se priver de repos ou de
plaisir, si les économies qu'elles obtiennent à ce
prix, devaient pourvoir aux besoins de ceux qui
chantent tout l'été, et que, découragées, elles n'a-
masseraient plus rien, ou mettraient leurs épargnes
en lieu sûr.

Professant sur l'impôt, la même doctrine que
M. Clémenceau, le conseil municipal de Paris avait,
on s'en souvient, afin de les exonérer de leurs
impôts, noté comme indigents les trois quarts des
citoyens de Paris ; de la sorte, le quart des Parisiens aurait payé les impôts de la totalité ; 238,250
électeurs qui, — comme les privilégiés d'autrefois,
ne devaient pas y participer, — auraient élu les
citoyens chargés de voter l'impôt que les 112,750
autres électeurs auraient été obligés de payer.
Cela, assure ledit conseil, est beaucoup plus
conforme à la justice, à l'égalité devant l'impôt,
aux principes de 89, que la répartition actuellement usitée !

Surimposer ceux qui, par leur industrie, leur
travail, etc., amassent du bien, afin d'exonérer
les autres de leurs impôts, leur faire des rentes,

peut les dispenser de bien des peines, de bien des soucis ! Est-ce irréprochable ?

On peut, sans cesser d'être honorable, recourir aux secours d'autrui, lorsque la pénurie a pour cause, le chômage, la malchance, le malheur ; mais en est-il de même, lorsque ne faisant pas tout le possible pour l'éviter, on vit du bien gagné par ses concitoyens ; lorsque, pour citer des exemples, comme certains membres de comités électoraux, sur la recommandation des citoyens pour lesquels ils font de la propagande, on vit aux dépens de la caisse des pauvres, au lieu de vivre de son travail. (*Voir* le *Temps* des 13 et 15 juin 1888.)

Quand ce serait en vertu de décisions législatives qu'on vivrait aux dépens des autres, ne serait-ce pas en réalité, légalement il est vrai, faire profession de parasite ? Ceux qui vivant ainsi, seraient dans la même quiétude que s'ils vivaient du fruit de leur travail, ne donneraient-ils pas une marque de bassesse, de manque de dignité ?

« La République est le seul gouvernement qui sauvegarde la dignité humaine », a dit M. Floquet à Marseille, 17 juin 1888. S'il en est ainsi, la République irait contre son but, en édictant que certaine classe de citoyens vivra au détriment des autres, ou il faudrait admettre, que vivre en parasite ne peut atteindre la dignité humaine.

Quiconque, bien que les apparences soient sauvées, ne se sentirait pas moins humilié, si, en réalité, il recevait d'autrui, d'une façon indirecte, dissimulée, ses moyens d'existence, et voudrait éviter d'être réduit à cette pénible extrémité, n'aurait d'autre moyen, pour s'en garantir autant que possible, que de s'astreindre à économiser. C'est le plus sûr, la confiscation indirecte que les hommes d'État de la République vraie se proposent d'exercer, ne pouvant avoir qu'une durée éphémère, car la matière confiscable manquerait bien plus tôt que beaucoup ne se l'imaginent. D'ailleurs, personne vraisemblablement, ne contestera que c'est aussi le plus digne, et que — sans nul doute, M. Floquet n'y contredira pas — l'intérêt doit le céder à la dignité.

Est-il possible à tous les hommes, aux pères de famille, par exemple, d'acquérir un capital? — On ne peut le méconnaître, malheureusement un grand nombre d'hommes, à cause d'infirmités, d'incapacité, charges de famille, gagnent à peine le nécessaire ; d'autres, comme les ruraux, par exemple, gagnent peu, et ne parviennent qu'au prix d'une grande sobriété, d'un grand ordre, d'une grande persévérance, à faire quelques épargnes ; mais, sauf en temps de crise, bien des travailleurs pouvant épargner sans se priver, préfèrent, au fur et à mesure, dépenser à bien vivre, tout ce qu'ils gagnent ; les premiers suivent la science du Bonhomme Richard ; les autres les maximes des joyeux chansonniers.

La preuve que des ouvriers, même pères de famille, peuvent économiser, c'est que cela se fait. Les sociétés de secours mutuels, qui possèdent près de 131 millions et demi, et les caisses d'épargne auxquelles, fin 1885, l'Etat devait 2 milliards 240 millions, en sont un témoignage irréfragable, montrant l'erreur de ceux qui nient que l'épargne soit possible aux ouvriers. Il n'est personne qui ne connaisse quelque père de famille, auquel ses épargnes aient permis de s'établir, ou de se faire un petit revenu. Cela est d'expérience, dans le même atelier, il y en a qui épargnent, et d'autres qui vivent au jour le jour, et ceux qui épargnent ne sont pas toujours les plus rétribués ; si ceux-ci le voulaient, ils pourraient, et plus facilement que les autres, économiser.

Le délégué des patrons serruriers a dit à la commission des 44, que les ouvriers de la Creuse retournaient, après chaque saison, à leur pays avec 1,000 fr. d'économies. Il résulte de déclarations faites à ladite commission que tous les patrons serruriers et menuisiers sont d'anciens ouvriers, et que, parmi les patrons charpentiers, il y en a les neuf dixièmes ; cela montre qu'il n'est pas non plus, impossible aux ouvriers de s'établir.

M. Davoust affirmait au conseil municipal de Paris, dont il est membre, que : « Au salaire actuel de 12 fr. par jour pour le ravaleur, de 7 fr. pour le maçon, ils peuvent faire des économies qu'il faudrait leur apprendre à conserver. En portant sa dépense, dit-il, à 4 fr. par jour, il est évident que l'ouvrier peut économiser 1,000 fr. par an ». Séance du 9 décembre 1845.

M. Davoust ajoutait : « Les ouvriers ont-ils fini leur travail avant la nuit, on aurait lieu de croire qu'ils rentrent chez eux, qu'ils profitent de leurs loisirs pour s'occuper de leur famille ; ils rencontrent en route des amis, ils s'arrêtent chez le marchand de vins, rentrent tard tout de même, et moins lestés d'argent. Ni eux, ni leurs enfants n'y gagnent. » Dans sa déposition à la commission d'enquête, le représentant du syndicat des entrepreneurs de démolition estimait « à 33 0/0 le montant des salaires qui passent chez le marchand de vins, en dehors de la nourriture. L'ouvrier, dit-il, ne sait pas faire d'économies, c'est une grande erreur de sa part (1). »

M. Cauderlier, constata, lui, que, de 1830 à 1850 : « Pendant trente ans, Paris n'a guère bu que 100 litres de vin par habitant, preuve incontestable que 100 litres constituent une ration physiologique, très suffisante aux besoins de la vie. Le Parisien n'était alors, ni moins bien portant, ni moins fort ; et ceux qui l'ont connu en ces temps, affirment qu'il était, certes aussi gai, moins nerveux, moins surexcitable qu'aujourd'hui où l'on boit 227 litres par habitant. »

— « Rien qu'en ces trois dernières années, Paris

______

(1) *La Question des salaires*, par M. VILLEY, p. 75.

a dépensé à boire environ 1,800 millions, dont 900 millions en excès, par plaisir, par goût de noces et bombances, 900 millions qui n'ont fait ni sang, ni muscles, ni force reproductive » (1).

C'est donc 300 millions par an, que l'on boit à Paris, en excès. Le mindzingue, le caboulot, la Saint-Lundi, c'est l'ennemi? Paris compte 451,000 électeurs, supposé que l'on porte au double le nombre des hommes adultes, ce sont eux évidemment, qui principalement font usage et excès de boissons ; 300 millions divisés par 902,000 cela donne 333 fr. 30, pour ce que chacun de ces adultes boit en sus de ses besoins. Si proportionnellement, on dépensait en boissons partout autant qu'à Paris, sa population étant le dix-septième de la population française, cela nécessiterait pour la boisson de la France entière, une dépense annuelle de 10 milliards 200 millions ; ce serait plus que le tiers de son revenu, lequel n'atteint pas 30 milliards. (*Voir* p. 135.) Paris fait vivre 26,600 débitants de boissons ; la province, 372,545, chiffres de M. Léon Say ; cela atteste que si l'on y boit moins qu'à Paris, le culte de Bacchus y a pourtant de nombreux fidèles. — Que l'on compte combien il faut de clients pour faire vivre un de ces débits, et l'on aura une idée du nombre de ceux qui les fréquentent. — C'est dans ces établissements, cafés, brasseries, bars, tavernes, etc., que des mil-

______

(1) Le *Temps*, 23 février 1884.

lions de travailleurs vont épuiser leur bourse, trop heureux lorsqu'ils n'y épuisent pas leur santé, n'y dégradent pas leur intelligence et leur caractère.

Cela ne semble-t-il pas confirmer ce que constatait le *Temps*, le 27 octobre 1885 : « Les débitants de boissons, dit ce journal, sont toujours très puissants en pays de démocratie, où les citoyens sont moins altérés de justice que de breuvages malfaisants. »

On allègue que ceux qui boivent plus que de raison, le font parce qu'ils n'ont pas les moyens de bien se nourrir ; il est plus que probable que si, à ce qu'ils dépensent en aliments, ils ajoutaient ce que, selon M. Davoust et le représentant des entrepreneurs de démolition, ils dépensent à boire en excès, ils pourraient avoir une nourriture plus réconfortante, et moins malfaisante que les breuvages qu'ils y substituent, et dont, plus que de justice, ils sont altérés. Que l'on compte ce qu'on aurait de pain, de légumes, de viande, pour un litre d'absinthe, d'apéritif Gambetta, d'amara Blanqui, d'amer du général Boulanger, ou autres démocratiques breuvages !

D'après la déposition de M. Dietz-Monin à la commission des 44, « il y a deux catégories d'ouvriers, ceux qui sont attachés à l'établissement, qui travaillent leurs six jours par semaine ; qui ont un ménage ; qui élèvent leurs enfants ; qui se rapprochent de la bourgeoisie. Puis, il y a ceux qui déjeûnent avec des huîtres et une bouteille de vin blanc, qui vont au café faire une partie de billard, et qui trouvent que tout est mauvais dans le pire des mondes. — C'est ce que j'appelle la catégorie des ouvriers jouisseurs, et elle est nombreuse à Paris, malheureusement. » — « Il y a les jouisseurs d'en bas et les jouisseurs d'en haut ! » ajouta M. Brialou (1). — « Aujourd'hui, dit M. Gignou, entrepreneur de serrurerie, l'ouvrier veut des jouissances. Autrefois, on ne connaissait pas les brasseries, les cafés-concerts ; on allait le matin prendre un verre de vin blanc, et c'était la seule dépense de la journée. J'habite le faubourg Saint-Honoré, où l'on a construit une grande quantité d'immeubles depuis trois ans ; nous étions inondés d'ouvriers ; tous les marchands de vin avaient à leurs portes des monceaux d'écailles d'huîtres, qui avaient été mangées par ces ouvriers, non pas par les ouvriers de la Creuse, qui remportent chez eux 800 ou 1,000 fr. par an, mais par des peintres, des ravaleurs, qui gagnent 8, 10 et jusqu'à 14 fr. par jour » (2). M. Gros-Claude, représentant du syndicat des entrepreneurs de démolition, fit une déposition analogue. Comme M. Gignou, le préfet de police signalait à la commission la grande quantité d'huîtres mangées chez le marchand de vin, la multiplication des cafés-concerts, toujours remplis d'ouvriers (3).

----

(1) Procès-verbaux de ladite commission, p. 324.
(2) Procès-verbaux de ladite commission, p. 79.
(3) VILLEY, ouvr. cité, p. 79.

Il faut, à ce que dépensent ces jouisseurs, en beuveries, bombances, ajouter la dépense, en spectacles, en pipes, tabatières, cigares, tabac à fumer, à priser, même à chiquer ; rien de plus agréable assurément, que tout cela, et n'est plus propre à embellir l'existence ; mais enfin il y a des choses d'une nécessité plus immédiate et auxquelles, ce semble, on devrait affecter son gain, avant de songer à celles-là ? En conscience, ceux qui se livrent à ces dépenses, ne perdent-ils pas le droit de se plaindre de l'exiguïté du salaire ? Saurait-on prétendre qu'il est impossible d'en économiser une part, pour se procurer le moyen de s'affranchir des patrons, assurer ses vieux jours contre la misère, lorsqu'on dépense en choses superflues, inutiles, nuisibles, plus qu'il ne faudrait pour satisfaire à ces deux et si importants objets. Mais, ce que la plupart ignorent, c'est que, partageat-on entre tous également, le revenu de la France, il s'en faudrait de beaucoup qu'il revint à chacun, de quoi suffire au nécessaire, et aux dépenses abusives auxquelles se livrent, bon nombre de ceux qui se plaignent de l'insuffisance de leur rétribution, en sorte qu'ils ne pourraient y subvenir, qu'en prenant sur la quote-part de leurs concitoyens. (*Voir* p. 122-123.)

Il résulte de ce qui précède, qu'un certain nombre de travailleurs mettent aux caisses d'épargnes et de prévoyance ; que d'autres, probablement plus nombreux, ne font aucune économie, parceque, fréquentant trop les débits de boissons, selon l'expression de M. Brialou, ils sont des jouisseurs d'en bas. Evidemment, si les parisiens d'aujourd'hui voulaient se contenter de boire, comme les parisiens de 1830 à 1850, et mettre à la caisse d'épargne ce qu'ils boivent en excès, sans que leur santé en souffrit, quatre ans seraient plus que suffisants pour amasser un milliard ; il y aurait là de quoi faire bien des petites pensions, ou fonder des associations, le capital des 847,975 ouvriers associés anglais, ne s'élève qu'à 202 millions 500,000 francs (1).

Ce serait une bien triste existence de ne songer qu'à mettre sou sur sou. — Sans s'absorber entièrement dans le culte des gros sous, on pourrait ne pas tout dissiper en distractions, et réserver une partie de son gain, pour se procurer les moyens de rendre son travail fructueux, assurer son indépendance et se garantir contre une extrême pauvreté.

La vie humaine est chose austère ; l'existence n'est qu'aspirations non réalisées, désirs non satisfaits, une suite d'ennuis, de peines, de souffrances corporelles ou morales, qui ne finit qu'avec elle-même ; c'est folie de l'oublier ; on a souvent à se repentir d'avoir cru que l'homme a été créé et mis au monde pour s'amuser, gaudrioler ; mieux vaut

----

(1) **La** *Réforme sociale* 1er juillet 1886.

envisager la vie dans sa sévère réalité, afin de se prémunir contre les maux qui lui sont inhérents. Le monde est pauvre ; les conditions de la vie humaine sont telles, que petit est le nombre de ceux dont le produit du travail puisse suffire pour mener joyeuse vie et assurer l'avenir ; pour l'immense majorité, une jeunesse folle, insouciante, a pour conséquence une vieillesse nécessiteuse ; dès que, soit la maladie, soit l'âge, les rendent incapables de travailler, ils sont dans l'obligation de recourir aux secours de leurs concitoyens ou de l'Assistance Publique.

Si tout le monde épargnait le commerce n'en souffrirait-il pas ? — Les commerces dans lesquels les ouvriers dissipent ce qu'il pourraient épargner, souffriraient sans doute, mais il y aurait compensation, dans la consommation des choses plus utiles, dont la production augmenterait, en proportion des facultés et du temps gaspillés, et de ce qui était abusivement dépensé. Chacun d'ailleurs est libre d'user de ce qui lui appartient comme il l'entend : à tel il semble bon de dépenser en plaisirs, au fur et à mesure, tout ce qu'il gagne ; à tel autre, il semble préférable d'en conserver une partie, pour accroître ses moyens de production, ou pour vivre dans sa vieillesse ; chacun d'eux a également droit d'agir comme il lui plaît. Libre donc à ceux auxquels il semble bon de dépenser tout ce qu'ils gagnent ; pour faire fleurir le commerce, de se vouer à une perpétuelle pauvreté, à une vieillesse indigente ; mais alors, qu'ils l'acceptent sans récriminer ; qu'ils n'accusent pas la société de leur pénurie, et leurs concitoyens d'avoir bu leur sueur et leur sang, lorsque trop souvent, ce sont eux qui ont bu, ce qu'ils auraient pu économiser ? Si les gais enfants de la folie qui ont pour règle : Vivre au jour le jour ! voulaient faire leur examen de conscience et se confesser avec sincérité, ils diraient : *mea culpa* ; ils s'accuseraient eux-mêmes de leur détresse, au lieu d'en accuser leurs concitoyens ou la société et de les en rendre responsables, ainsi qu'on l'entend journellement articuler.

9.

LA RÉTRIBUTION DU CAPITAL

L'intérêt des capitaux est-il légitime ? — N'est-il pas juste
que l'outil, c'est-à-dire les capitaux affectés à la production, appartienne au travailleur qui le met en œuvre ?

L'intérêt des capitaux est-il légitime ?
— Dans une lettre à la commission des 44, la
chambre syndicale du bronze dit : « Nous affirmons
que le travailleur a droit à l'intégralité de son
produit. Toute part prélevée par l'oisif est un vol. »
Cela s'adresse évidemment, à ceux qui prélèvent
l'intérêt de leurs capitaux, et ils réclament le prêt
gratuit. Comme on ne peut guère compter sur les
particuliers pour prêter gratis, le gouvernement
devrait se charger de ce nouveau service financier ; attendu la vacuité du trésor, il lui faudrait
recourir à l'emprunt, pour instituer ledit service.
Il est douteux qu'on se batte aux guichets où il
en ferait l'émission, pour lui prêter à pareille
condition ! Du jour où un gouvernement, suivant
les bronziers, aura décrété que le prêt du numéraire est gratuit, et ouvert des bureaux à cet
effet, le nombre déjà grand des gens qui emprun-

tent, les uns pour leurs affaires, les autres pour leurs plaisirs, augmentera assurément encore ; tout le monde voudra emprunter ; ce sera bien plus simple et plus commode, que de se donner la peine d'économiser !

Bon gré mal gré, il faut payer ses impôts ; même lorsqu'on jeûne, il faut participer à payer les émoluments des serviteurs du peuple. Les capitalistes, eux, ne peuvent forcer personne à leur payer la plus petite redevance, et il y a un moyen, à la portée de tous, de ne pas être rançonné par eux, et de leur couper les vivres ; rien de plus simple, de plus facile, on n'a qu'à ne pas leur emprunter. Si, n'y étant pas forcé, on leur emprunte, comme il est de toute certitude que ce n'est pas pour le plaisir de leur faire des rentes, il est à supposer qu'on y trouve une utilité, un avantage.

L'un emprunte pour ses plaisirs, l'autre pour des affaires dont il tire des profits, et que sans ces capitaux il ne pourrait entreprendre ; l'emprunteur reçoit donc un service qui, selon la justice, mérite un service égal, ou à sa place une rétribution équivalente. Par exemple, celui qui emprunte à un autre 100 fr. pendant un an, indépendamment qu'il doit lui rembourser cette somme, lui est redevable du prêt de la même somme pendant le même temps ; s'il ne le peut, il lui doit l'équivalent de ce service ; dans les affaires, on estime que ce service vaut 4 à 5 fr. par an. Rien ne justifie que, par exception, lorsqu'il s'agit d'emprunt, on ne doive pas être tenu à rendre le service que l'on reçoit, ou à quelque chose qui en soit l'équivalent. Si le prêt ne comportait pas un service réciproque, une partie des citoyens seraient, par privilège, en droit de jouir du numéraire que les autres se sont donné la peine d'économiser; ce serait très agréable, très commode pour les emprunteurs; très probablement, même ceux qui réclament le prêt gratuit, y regarderaient à deux fois, pour prêter à tout venant leur argent à ce taux. On peut se demander si, tandis que d'autres dépensent au jour le jour tout ce qu'ils gagnent, ceux qui se privent du repos et des plaisirs que leurs économies pourraient leur permettre, seront empressés de prêter dans ces conditions, et s'il serait raisonnable, légitime de les y contraindre! Et comment sera-t-il jamais possible de forcer celui qui a de l'argent à le prêter gratis? Cela est plus que probable, à moins qu'on ne le prête pour rendre service à un parent, à un ami, ceux qui auront de l'argent le garderont, si on ne leur offre pas au moins une prime, pour les risques de pertes qu'ils ont à courir et pour les engager à s'en dessaisir; on peut discuter sur le chiffre de ce que l'on devra payer aux prêteurs, mais si la rétribution du prêt peut être amoindrie, il est à peu près certain que jamais elle ne sera entièrement abolie.

Les raisons qui justifient la rétribution du prêt de l'argent justifient également la rétribution du prêt des maisons, etc. Quelqu'un a 20,000 francs ; il les place sur une maison. Cette maison est ses 20,000 francs sous une autre forme. Pour que celui qui l'occupe n'ait rien à payer à son propriétaire, il faudrait qu'il lui prêtât, pendant le même temps, une maison d'égale valeur, sinon il lui doit une rétribution égale au service qu'il reçoit. Or, une maison ne dure pas éternellement ; elle exige des réparations ; le propriétaire ou son représentant, passe son temps à l'administrer ; il a donc droit : à l'intérêt de ses 20,000 francs, à l'amortissement de cette somme ; au prix des réparations ; à un salaire comme administrateur ; tel est ce qui constitue le loyer. Si quiconque rend un service à quelqu'un, a droit à un service identique, ou à son équivalent, la rétribution de la location est juste, autant que la rétribution de tout autre service.

N'est-il pas juste que l'outil, c'est-à-dire les capitaux affectés à la production, appartienne au travailleur qui le met en œuvre ? — Les bronziers, on l'a vu, ont pour principe que : « Toute part prélevée par l'oisif est un vol », et, dans la même lettre, ils disent : « Nous affirmons que l'outil doit être la propriété du travailleur. » Il résulte implicitement de ces paroles, que les bronziers nient la légitimité de la rétribution attribuée aux capitaux industriels, car, par ce terme outil, on entend, non seulement les machines et instruments, mais aussi le local qui les contient ; on entend, en un mot, tout ce qui est moyen de production ; ainsi on a préconisé que le chemin de fer doit appartenir à ceux qui sont employés à son exploitation ; que la mine doit être au mineur ; la terre à celui qui la cultive. La conséquence de ces principes est que la marchandise d'un magasin appartient aux commis qui en font la vente, aux garçons qui vont les livrer ; que le numéraire de la Banque appartient aux employés, aux garçons de recette, etc. Il serait très désirable que les machines, les capitaux en général, appartinssent à ceux qui les emploient, mais cela est-il toujours possible ? Les chemins de fer ont coûté 12 milliards. Toute rétribution accordée à ceux qui ont fourni cette somme serait-elle vraiment un vol !

Pour justifier la prétention de ceux qui contestent la légitimité de la rétribution des capitaux industriels, ils faudraient montrer qu'ils ne contribuent en rien à augmenter la production ; il en résulterait alors, qu'il est indifférent de les employer ou non. En est-il ainsi ? Etant admis par les bronziers que chacun a droit à l'intégralité de ce qu'il produit, cela ne saurait cesser d'être vrai, quel que soit le moyen employé pour produire ; si au moyen d'une machine qu'il a inventée quelqu'un parvient à produire dix fois plus, il a droit évidemment à recevoir dix fois plus, sans que cela puisse causer le moindre tort à personne ; si moyennant rétribution équitable, il prend un ouvrier pour faire fonctionner sa machine, en vertu de quel droit, ce dernier deviendrait-il propriétaire de l'outil dont il se sert? S'il produit plus qu'il ne saurait produire sans cette machine, ce surcroit de production ne provient aucunement de son travail, mais de celui de la machine ! Le mécanicien et le chauffeur d'une locomotive, sauraient-ils prétendre que la traction du train qu'ils conduisent n'est que le résultat de leur travail? Celui qui, se servant d'une machine appartenant à un autre, s'approprierait le surcroit qu'elle produit, évidemment, s'approprierait, non le produit de son propre travail, mais bien ce qui résulte du travail intellectuel de l'inventeur, lequel seul y a légitimement droit, ou celui qui la lui ayant achetée, tient son lieu et place.

Si la rétribution attribuée aux machines, aux capitaux industriels en général, n'excède pas la valeur du travail produit par leur concours, comment cette rétribution, avantageuse à leur propriétaire, pourrait-elle faire tort, seulement d'une obole, à la part afférente aux autres collaborateurs ou facteurs de la production ? Un examen attentif montre que les capitaux industriels ne sont pas avantageux seulement pour leurs possesseurs ; on ne peut contester que souvent ils évitent de la fatigue aux travailleurs, qu'abrégeant la main-d'œuvre, ils favorisent plutôt l'élévation de leur rétribution, en même temps que permettant d'abaisser le prix des objets, il résulte aussi un avantage pour le consommateur. Ainsi, dans l'imprimerie, par exemple, depuis l'emploi des machines le salaire du personnel n'est pas moindre qu'auparavant ; et quoique les patrons fassent de bonnes affaires, les imprimés sont à plus bas prix ; un ouvrier imprimeur paye aujourd'hui deux sous un journal que jadis il eut dû payer quatre ; on a des livres à un bon marché fabuleux. On pourrait multiplier les exemples. Les salaires n'étant pas diminués, par l'abaissement des prix, de même que l'imprimeur mentionné, tous les ouvriers, comme consommateurs, profitent du produit des capitaux. Il faut se rendre à l'évidence, si les capitalistes en question s'enrichissent, ce n'est ni en appauvrissant leurs ouvriers, ni en appauvrissant les consommateurs ; leur richesse provient donc bien, et uniquement, du produit de leurs inventions, de leurs capitaux ; pour le redire, personne n'étant obligé de leur acheter, si on leur achète, c'est qu'on ne trouve pas leurs produits trop chers, c'est qu'on y trouve son avantage, son utilité ou son agrément ; s'ils gagnent beaucoup, c'est qu'ils rendent service à de nombreuses personnes, qui les rétribuent librement selon les services qu'elles en reçoivent.

Il est malheureusement trop vrai qu'il y a des pauvres, mais assurément ce n'est pas au capital industriel qu'il faut l'imputer ; par le bon marché qu'il procure, incontestablement il facilite leur bien-être.

Les capitaux industriels profitant, même à ceux qui n'en possèdent pas, n'est-il pas de toute justice que ceux qui les ont gagnés, économisés et les font fructifier, en profitent plus que les autres, étant d'ailleurs établi que, s'ils font fortune, cela profite à l'État, par conséquent à tous. (*Voir* page 70).

Le travail intellectuel, on l'a vu, a pour résultat l'amélioration de la condition des simples travailleurs (*Voir* p. 11); on ne saurait contester que le capital y concourt aussi pour une part.

Il résulterait assurément de la suppression de la rétribution du capital industriel, que les hommes en situation de le constituer et capables de le faire fructifier, n'étant plus stimulés par l'espoir d'en tirer une rémunération, garderaient leur argent dans leur caisse, au lieu de le mettre dans l'industrie; ce serait un empêchement à la production de nouvelles valeurs; la richesse publique perdrait au moins les impôts que ces valeurs auraient dû payer à l'État. Encore qu'il en résulte une plus grande inégalité des fortunes, on ne devrait jamais oublier que, si un citoyen s'enrichit par son industrie, cela ne peut en rien appauvrir qui que ce soit, et que sa fortune est autant d'ajouté à la richesse générale, dont, indirectement, tout le monde profite quelque peu.

Contrairement au syndicat des bronziers, au nom de l'Union des chambres syndicales ouvrières de France, M. Veyssier a dit, à l'égard des capitaux : « Nous considérons que c'est folie de dire que le travail est tout et le capital rien... Nous respectons les patrons qui font un emploi rationnel des moyens de production qui leur ont été dévolus. » C'est la raison même !

Pour les partisans de la gratuité du capital industriel, ceux qui ayant économisé une partie plus ou moins grande du produit de leur travail, au lieu de le dépenser en plaisirs divers, l'ont prêté pour établir les chemins de fer — ne chauffant, ni ne graissant les machines, ni n'entretenant la voie, etc., enfin ne participant pas effectivement à l'exploitation des chemins de fer, — n'y ont en rien coopéré, et de leur part, tout prélèvement sur le produit de ces chemins, est un vol. D'après les apôtres de la gratuité, ce serait au contraire tout ce qu'il y a de plus juste, que les chauffeurs, les cantonniers, les camionneurs, jouissent du produit des chemins de fer, sans être redevables de quoique ce fût, aux infâmes capitalistes, dont bon nombre, suant sang et eau, se sont imposé toutes sortes de privations, pour amasser un capital de 12 milliards, afin de procurer aux susdits, leurs instruments de travail ; en sorte qu'ayant prêté 12 milliards, différemment à tous ceux qui prêtent, les actionnaires n'auraient droit ni à être remboursés, ni à ce que pareille somme leur soit prêtée, ou à une rétribution équivalente, ainsi que l'exigent la reciprocité et l'équivalence des services.

Deux systèmes sont préconisés, relativement à l'exploitation des chemins de fer ; selon les uns, elle doit être laissée à l'industrie privée ; selon les autres, l'État doit en être propriétaire et les exploiter. Dans le premier cas, les fonds nécessaires à leur construction, à leur exploitation, sont fournis par les particuliers, lesquels, comme dans toutes les industries, courent les bonnes ou les mauvaises chances de leur entreprise. Dans le second cas, l'Etat fournit les fonds ; il les demande soit aux contribuables, soit à des emprunts, et ceux qui lui prêtent l'argent dont il a besoin, en touchent la rente, au lieu de toucher un dividente d'action. Si au lieu de concéder les chemins de fer à l'industrie privée, l'Etat les eut construits, il eut dû demander aux contribuables les 12 milliards qu'a coûté notre réseau ; ces chemins, dans cette supposition, ayant été construits avec notre argent, nous n'aurions pas à en payer l'intérêt, en partie sur nos places, lorsque nous voyageons ou faisons transporter des marchandises, en partie au bureau du percepteur, ainsi qu'il en est actuellement.

Que les chemins de fer aient été construits par l'Etat, qu'ils l'aient été par l'industrie privée, est-il possible de concevoir que, selon la doctrine préconisée par les bronziers, leur outillage soit la propriété de ceux qui en font usage, sans qu'ils en aient acquitté le prix aux travailleurs qui l'ont fabriqué ou à ceux qui le leur ont acheté ; pour que l'outillage de ceux qui sont employés aux transports par chemins de fer fût leur propriété, il faudrait évidemment qu'ils en eussent payé le prix aux terrassiers, aux maçons, aux mécaniciens, etc., ou aux actionnaires, lesquels l'ont acquis des susdits, moyennant la bagatelle de 12 milliards. La part de ceux qui ont concouru à la construction des chemins de fer, appartient donc, bien légitimement, aux actionnaires qui, à leurs risques et périls, ont acquis leurs droits et pris leur lieu et place. Les nombreuses entreprises de ce genre dans lesquelles ils ont perdu leurs capitaux attestent que tout n'est pas bénéfice pour eux, et aucun de ceux qui qualifient de vol ce qu'ils prélèvent n'a proposé de participer à leurs pertes ! Indépendamment qu'ils ont droit à la part des constructeurs, leurs capitaux étant indispensables, pour acquérir les terrains, le matériel nécessaire à la construction et à l'exploitation desdits chemins, de ce chef, ils ont droit au moins à une certaine rétribution pour s'être dessaisi de leur avoir ; à une prime pour les risques qu'ils courent. La part prélevée par les actionnaires, loin d'être un vol, est donc fondée sur des services très positifs et de primordiale importance, puisque Stéphenson n'eût pu les établir sans eux ; sans leur concours il n'y aurait pas de chemins de fer (*Voir* p. 172), et leur part doit être équivalente à ce qui résulte de leur participation ; dans cette limite, elle ne saurait léser l'intérêt des autres participants. Ce qui est dit ici, est incontestablement vrai de toute entreprise nécessitant des capitaux.

Vouloir gratuitement jouir des capitaux, c'est implicitement admettre que, par la nature même des choses, ils sont à la disposition de quiconque veut en faire usage. Que l'on transporte dans un pays à l'état de nature, ceux qui réclament cette gratuité, ils s'apercevront bien vite que : maisons, ateliers, outils, machines, moyens de transport, monnaie, etc., ne sont aucunement comme l'air, qui coûte seulement la peine de le respirer, et qu'on ne les obtient qu'au prix de persévérants efforts. Si de nouveaux arrivants prétendaient avoir le droit d'user des capitaux que les premiers seraient parvenus à se créer, plus que probablement, ceux-ci objecteraient : que les maisons, par exemple, n'étant pas un don de la nature, comme aux escargots, accordé à tous ses enfants, celui qui veut avoir une maison, est dans l'obligation de la bâtir ; que si ne voulant pas prendre cette peine, il veut user des leurs, ce ne peut être qu'à la condition de leur donner l'équivalent du service à lui rendu, consistant à lui épargner, les frais et le travail auxquels il serait obligé, pour s'en construire une. Nul excepté ceux qui y auraient intérêt, ne saurait contester la légitimité de la rétribution réclamée.

Malgré les avantages incontestables que nous en retirons tous, depuis que les affaires vont mal, beaucoup d'ouvriers étant sans travail, on s'en prend aux machines.

Vraisemblablement, la cause du manque de travaux dont on se plaint, est bien plus dans la concurrence étrangère, que dans l'emploi des machines (*Voir* p. 57-59); pour remédier à cet état de choses, on ne voit d'autre moyen, que d'établir des marchandises, à des prix qui puissent rivaliser avec ceux de nos concurrents ; la suppression des machines irait à l'inverse du but à atteindre, car elle ne pourrait qu'occasionner un renchérissement des produits. On exagère certainement la perturbation qu'en général cause l'emploi des machines. D'abord, l'introduction des machines dans une industrie, ne se fait pas d'un seul coup, mais graduellement, et leur usage ne prive de leur travail, qu'une partie des ouvriers ; c'est un mal assurément. S'il eût fallu s'arrêter à cette considération, tout progrès industriel eût été impossible ; l'industrie serait encore où elle en était, il y a des siècles. Comme tous les maux inhérents à la condition humaine, c'est à la prévoyance, aux sociétés de secours, à la philanthropie, etc., à pallier les maux dont les machines sont la cause ; ceux qu'elles causent ne sont heureusement que passagers ; le moindre examen montre que dans presque toutes les industries où elles sont employées, le nombre des ouvriers a plutôt augmenté, et que les salaires ont considérablement haussé.

Pour bien juger des conséquences que les machines ont eues pour les travailleurs, que l'on compare la situation qu'avaient, sous tous rapports, les ouvriers il y a cinquante ans, avec celle qu'ils ont aujourd'hui ! Qui ne comprend que si l'on supprimait les machines agricoles, les machines à filer, à tisser, à travailler le bois, les métaux, etc., le prix de bien des objets de première nécessité serait certainement doublé ; le nombre des personnes obligées de n'en plus faire usage serait si grand, qu'attendu cette restriction de la consommation, il n'est nullement certain, que le nombre des ouvriers employés à la fabrication serait augmenté ; il n'y a qu'une chose certaine, c'est que la suppression des machines condamnerait les gens pauvres, à la privation de beaucoup de choses d'utilité ou d'agrément.

Il en est évidemment, des machines, comme de toute chose ; on peut en abuser. Si considérant les débouchés comme illimités, les possesseurs de machines produisent sans mesure, infailliblement il en résulterait un encombrement de produits qui, stérilisant leurs capitaux, et même les compromettant, serait préjudiciable à eux-mêmes, et les obligerait à suspendre, ou au moins à restreindre le travail, inconvénient dû à leur seule imprudence ; ce ne sont donc pas les machines qui font le mal, mais leur emploi abusif. Les industriels qui abusent de l'emploi des machines, en étant victimes tous les premiers, il n'est guère possible d'admettre que, s'ils ont commis cette faute, ils y persistent :

cela laisse à penser qu'on exagère le mal attribué à cet abus.

Bien que la réciprocité et l'équivalence des services justifient la rétribution du prêt des capitaux, selon les publicistes, les orateurs, qui assurent être la voix du peuple, tout ce qu'à titre d'intérêt de loyer, perçoivent, bourgeois, propriétaires, capitalistes, est un vol, et tous ces gens-là sont une engeance malfaisante qu'on ne saurait trop tôt supprimer; tout au moins, on doit les exproprier.

Lorsque le peuple sera le maître, il devra brûler le Grand-Livre de la Dette publique, où sont inscrits (1) les 32 à 33 milliards prêtés à la nation, dont une part importante appartient à de nombreux travailleurs qui lui ont confié leurs épargnes; il devra aussi exproprier les établissements commerciaux, industriels, surtout les établissements financiers et en prendre possession. Est-il besoin de faire observer que, du jour où ces établissements ne seraient plus dirigés par ceux qui les font prospérer, leur valeur qui se chiffrait à une somme énorme, subirait une dépréciation que chacun peut imaginer; ce serait la ruine, la fin de la France !

On voit qu'en réalité ceux qui disent pis que pendre du capital, ne le haïssent pas autant qu'ils en ont l'air; il leur déplaît seulement qu'il soit en

---

(1) P. Leroy-Beaulieu, ouvr. cité, p. 397.

la possession des autres ; tout leur semblerait pour le mieux et dans la meilleure des sociétés, s'il était en leur possession. Pour la plupart d'entre nous, acquérir un capital, même très modeste, demandant des années et des années d'économie, les détracteurs du capital laissent à leurs concitoyens qui peuvent y trouver de l'agrément, cette maussade besogne, se réservant, aux lumières de la science moderne, de montrer qu'ils ont été dépouillés de ce que les susdits ont amassé, et qu'ils ont légitime droit d'en exiger la restitution, ainsi qu'il résulte de leurs scientifiques publications oratoires et littéraires. Lorsque cette restitution aura eu lieu, ceux même qui, par manque d'assiduité au travail, manque d'ordre, bombances, etc., ont été conduits à la pauvreté, pourront vivre du bien amassé par les plus industrieux, les plus laborieux, les plus économes ; ils auront à passer quelques bons petits moments ; penser que cela puisse avoir quelque durée, serait s'illusionner, car si, comme actuellement, personne n'est là pour faire d'incessantes économies, la richesse existante sera bientôt dissipée ! On se demande qui voudrait prendre la peine de se priver du moindre loisir, afin de plus gagner ; du moindre plaisir, afin d'économiser une partie du produit de son travail, pour en faire jouir les autres ; qui voudra, avec ses économies, se donner le souci de faire bâtir des maisons, d'organiser des ateliers, des usines, des chemins de fer, que le premier venu pourrait venir habiter ou exploiter à son profit, sans bourse délier !

S'il est juste que chacun jouisse de l'intégralité de ce qu'il produit, est-il possible que jouir d'un bien produit par le travail d'autrui soit le dernier mot, l'idéal de la justice ?

Tel est pourtant ce que, pour atteindre cet idéal, on revendique !

———

LA JOURNÉE DE HUIT HEURES

Ne doit-on pas, pour améliorer le sort des ouvriers, rendre la prospérité à notre industrie, à notre commerce, réduire à huit heures, la durée de la journée et en augmenter la rétribution? — Depuis que la concurrence étrangère nous fait un si grand tort, afin de lui tenir tête, les industriels s'ingénient à perfectionner leurs machines, leurs procédés etc.; de nombreux citoyens affirment que, pour battre nos rivaux, le moyen le plus efficace, est de réduire à huit heures la durée de la journée, et d'en augmenter le salaire : « D'où vient l'infériorité? dit, en effet, M. Malon, des trop longues journées, de l'insuffisance de l'outillage et d'une direction trop tracassière. — C'est, pour la plus grande part, à l'incapacité des capitalistes, qu'il faut s'en prendre Les pays des courtes journées et des hauts salaires, sont les plus prospères, et ils battent les autres sur tous les marchés industriels de la production (1).

On a vu, pages 54 et 55, les conséquences qui

_____

(1) L'*Intransigeant*, 30 juillet 1886.

résultent des trop hauts salaires ; examinons celles qui résultent des courtes journées.

La fixation de la journée à une durée de huit heures au maximum, a été proposé au Congrès national des syndicats ouvriers, tenu à Lyon, séance du 14 octobre 1886. Plusieurs orateurs ont repoussé la limitation de la journée. Selon eux, elle serait inapplicable en temps de presse, où il faut, avec un matériel restreint, faire beaucoup de besogne en peu de temps. Lorsqu'une commande pressée arrive, les petits industriels ne pourraient parvenir à la livrer, s'ils étaient condamnés à ne faire travailler leurs ouvriers que huit heures par jour ; et dans certaines industries, où il y a trois mois de chômage forcé, et plus, pour faire la récolte de l'année, on est obligé de travailler douze, et même quatorze heures par jour. M. Denoufoux trouve lui la journée de huit heures encore beaucoup trop longue ; il l'accepte pourtant en attendant mieux, comme un pis aller qui pourrait remédier au chômage.

Dans une communication faite à la même séance, par M. Delahaye, ouvrier mécanicien qui, a travaillé, en Angleterre, aux Etats-Unis, etc., il rapporte que : « Dans les ateliers américains (où l'on ne travaille que neuf heures par jour), la production annuelle par personne, varie de 9,136 fr., à 13,505 francs ; elle est donc, en moyenne, de 11,320 francs par personne, tandis qu'elle est à Paris, de 4,138 francs à 5,695 francs, soit en moyenne par personne 4,916. C'est-à-dire qu'en travaillant beaucoup moins longtemps que nous, chaque américain produit une valeur annuelle, qui est plus de deux fois et demie, égale à la valeur produite par chaque mécanicien français. — Ce qui prouve que la durée du temps de travail doit être réduite et limitée, et que ce sont les pays où la journée de travail est le moins prolongée, qui produisent le plus. D'où la nécessité de réduire progressivement, la journée de travail à huit heures par jour, pour obtenir le maximum de produit dans le minimum de temps. » Étant incontestable que si l'on ne travaillait que pendant quatre heures, on pourrait pendant cette courte durée, travailler avec encore plus d'énergie que si l'on travaille huit heures, ne pourrait-on pas soutenir, qu'en travaillant seulement pendant quatre heures, on obtient le maximum de produit dans le minimum de temps, et que l'on doit fixer la durée de la journée à quatre heures de travail! Est-il bien possible que, le seul fait de la réduction d'une ou deux heures, sur la durée de la journée, sans l'intervention d'autres causes, puisse avoir pour résultat, une production plus que double? Cela ne tiendrait-il pas quelque peu du prodige?

Il serait à souhaiter, pour les patrons eux-mêmes, que l'on put adopter la journée de huit heures, comme les ouvriers ils gagneraient chaque jour deux heures de loisir; chaque ouvrier produisant deux fois et demie autant de besogne qu'en travaillant dix heures, alors il leur suffirait d'avoir des ateliers plus que moitié moins spacieux, et pendant l'hiver, ils auraient économie de chauffage et d'éclairage.

Ce qu'on affirme ci-dessus, suppose que la neuvième et la dixième heure de travail exténuent le travailleur; que le lendemain, le surlendemain et ainsi de suite, sa production va en diminuant, en sorte qu'après un certain laps de temps, il aura produit moins que s'il n'avait travaillé que huit heures. S'il était vrai qu'après dix heures de travail, les ouvriers soient à bout de forces, ne devrait-on pas les voir, aussitôt leur journée terminée, gagner, au plus vite, leur domicile pour se livrer au repos. On en conviendra, l'emploi que, selon MM. Davoust et Brialou (Voir p. 94-97), beaucoup font de leur temps de loisir, n'est pas toujours de nature à favoriser la réparation de leurs forces sensément épuisées.

M. Millerand réclame la limitation de la durée de la journée. Comme M. Allemane, il assure que : « la race française est abâtardie et dégénérée. » M. Sabatier, député d'Oran, lui répond que : la santé des ouvriers n'est pas seulement épuisée par le travail; qu'elle l'est bien davantage, par des excès de toute autre nature. (Chambre des députés, 14 juin 1888.)

D'après le *Moniteur des Syndicats ouvriers* du 25 mars 1886, en Allemagne, la plupart des ouvriers travaillent onze à douze heures par jour, et un nombre assez considérable travaillent treize à quatorze heures ; malgré cela ils ne meurent pas à la peine, car la population allemande augmente. Lorsque, comme en Allemagne, on travaillait en France douze à quatorze heures, cela n'empêchait pas la population d'être vigoureuse et d'augmenter en nombre ; aujourd'hui nous travaillons moins, on nous dit abâtardis, dégénérés, et notre population tend à diminuer ; si nous ne sommes plus que des petits crevés, il semble, d'après cela, que la cause n'en doive pas être attribuée à la trop longue durée de la journée, à des excès de travail ! Tous les médecins attribuent la dégénérescence et l'abrutissement, à ce que la jeune France se livre avec excès : A l'amour, à Bacchus. A Bacchus, à l'amour ! expression poétique pour dire : à la cocotte, au mastroquet ; en un mot, àla débauche, selon l'expression laconique de M. Sabatier.

Les faits ne confirment aucunement que, lorsqu'on fait des journés courtes, pour lesquelles on reçoit de hauts salaires, on produit davantage. Selon M. Bertrand : « L'exagération des salaires, a fait naître la crise actuelle et suscité la concurrence étrangère, — (et les patrons) — ont dû s'adresser à l'étranger : en vertu du traité de Francfort, dit-il, nous pouvons faire rentrer dans Paris, rendue en gare, de la charpente toute façonnée, prête à être posée, au même prix, sinon à un prix inférieur à celui que nous payons le bois brut français, rendu dans nos chantiers. »

« Ces ouvriers allemands, qui gagnent **2 fr. 50**, produisent, sans exagération, un tiers, sinon moitié plus que nos ouvriers, qui gagnent **8 francs**. Ce qu'il est pénible de constater, — et cela est d'autant plus triste que les charpentiers, au point de vue intellectuel, sont à la tête de l'industrie du bâtiment, — c'est que les ouvriers aujourd'hui, s'appliquent à faire peu ; s'ils suivaient leur instinct naturel, ils produiraient davantage, **mais soit** qu'ils obéissent à un mot d'ordre, soit qu'ils s'imaginent servir les intérêts de leurs **camarades**, ils prennent l'habitude de ne rien faire, **et, à** l'heure qu'il est, ils ne sont même plus **sensibles** aux reproches ; ils ne pensent qu'à user le **temps** et à toucher leur paye (1). »

M. Gignou, au nom des entrepreneurs de serrurerie, s'exprime ainsi : « Le président de la chambre syndicale des charpentiers a démontré **je crois**, que les salaires ont doublé, et que le **travail a** diminué de moitié. M. Bertrand me disait dernièrement que chez son père, les ouvriers charpentiers faisaient douze marches dans leur journée, en gagnant 4 francs, aujourd'hui ils n'en font plus que cinq, en gagnant 8 francs. On comprend l'augmentation des salaires, mais au moins, ne devraitelle pas avoir pour conséquence une diminution de travail (2). »

---

(1) Procès-verbaux de la commission des 44, p. 46.
(2) Procès-verbaux, page 70.

Selon la déposition de M. Vulquin : « Les ouvriers français donnent actuellement une somme de travail moins grande que par le passé ; c'est une observation qui m'est personnelle, dit-il, mais je crois que beaucoup d'autres l'ont faite comme moi. Cependant l'ouvrier français est intelligent, il est travailleur ; il vaut infiniment mieux que les ouvriers étrangers (1). » — « Il est moins laborieux et il gagne davantage », affirme M. Lemoine (2).

Il est avéré qu'en France les journées sont moins longues qu'en Belgique, en Suisse, en Italie, en Allemagne ; MM. Corbon et René Lavollée, attestent que chez nous le salaire est de 25 à 33 0/0 plus élevé, et l'on est unanime à reconnaître, que les ouvriers français produisent moins que les ouvriers de ces divers pays. Il semble que loin de leur donner plus d'énergie, les courtes journées et les hauts salaires les incitent à moins travailler. Les faits qui, avec les chiffres, sont ce qu'il y a de plus concluant, n'attestent donc nullement que : les courtes journées et les hauts salaires augmentent la productivité des ouvriers.

Que, malgré le bon marché de la main-d'œuvre étrangère, on fasse de courtes journées pour lesquelles on exige de hauts salaires, et ce sera la déchéance de notre industrie ; de plus en plus elle sera supplantée par l'industrie étrangère, et bien-

----

(1) Procès-verbaux, page 163.
(2) Procès-verbaux, page 101.

tôt, au lieu de battre les pays où la journée est longue et le salaire petit, nous ne compterons plus comme puissance industrielle ; ce sera la ruine générale.

Constatons qu'un effort est tenté pour arriver à la journée de huit heures. Les employés de magasin ont, en effet, formé une ligue, afin d'obtenir de cesser le travail à sept heures. Si cette mesure déclarée indispensable, pour ne pas « altérer gravement, dit leur ordre du jour, un nombre considérable d'employés des deux sexes », est adoptée, les garçons de restaurant, de café, de brasserie, les garçons marchands de vin, les conducteurs et cochers d'omnibus, les cochers de fiacre, etc., ayant certes un service aussi fatigant que les commis de magasin, au nom de l'égalité, de l'humanité, ils auront droit aussi de quitter à sept heures un travail qui les fait dépérir. Lorsque la loi obligeant tout le monde à ne travailler que huit heures sera décrétée, alors c'est à cinq heures qu'ils cesseront le travail. Que la journée des employés se termine à l'une ou à l'autre de ces heures, les patrons des établissements susdésignés seront dans l'obligation d'avoir une équipe de garçons pour la soirée, sinon il leur faudrait fermer à sept heures, et le progrès marchant à pas de géant, à cinq heures, dans un prochain avenir.

Tout établissement devant avoir un double personnel, ce sera assurément un remède au chômage ; qui sait si, tombant d'un mal dans l'autre, il n'y aurait pas chômage d'employés ; le salaire actuel étant déclaré insuffisant, les frais de personnel se monterait alors à plus du double ; on peut augurer que cette réforme porterait une atteinte sensible à la caisse des patrons, à moins que les frais n'en retombent sur les clients. Mais est-il bien permis de songer à de mercantiles intérêts, lorsqu'il s'agit d'empêcher notre race d'être altérée ! Afin à l'avenir de nous préserver de toute avarie, quelqu'un est d'avis qu'il serait prudent de nous mettre tous dans du coton ; l'excellence du moyen étant incontestable, il ne peut manquer d'être pris en sérieuse considération par M. Millerand et par la société protectrice des employés de magasin.

Le maximum de la durée de la journée étant fixé à huit heures, pour qu'il n'y ait pas de privilégiés, cela doit s'appliquer à toutes les professions ; alors, les personnes qui ont un domestique devront en prendre deux ; de même, les agriculteurs devront prendre un nombre double de charretiers, de palfreniers, de faucheurs, de moissonneurs, de vachers, de bergers, etc., et de plus, ils devront augmenter leur salaire.

Les ouvriers et employés ne sauraient que jubiler, de ne plus travailler que huit heures et de gagner plus que lorsqu'ils travaillaient plus longtemps !

Sûrement, au lieu de jubiler, les gens obligés à employer un personnel double, et à le payer plus cher, crieraient à la ruine, alléguant que, plus encore que par le passé, cela les mettrait dans l'impossibilité de tenir tête à la concurrence étrangère; les ruraux clameraient, que le surcroit de frais occasionné par un double personnel **payé** plus cher, aurait pour conséquence, de les oblige^r à élever encore leur prix, d'où renchérissement du pain, de tous les produits agricoles ; impossibilité de lutter contre les blés américains, **russes**, etc. Si, comme on l'assure : « Les pays des **courtes** journées et des hauts salaires, battent les **autres** sur tous les marchés », leurs craintes seraient vaines ; les agriculteurs, les vignerons n'**auraient** qu'à ne travailler que huit heures, et, le produit **de** leur travail devant être égal à deux fois et demi celui qu'ils obtiennent en travaillant douze à seize **heures**, les seuls frais nouveaux qu'ils auraient à subir, seraient la dépense occasionnée par l'agrandissement de leurs granges et de leurs greniers, qui **devraient** être deux fois et demi aussi spacieux qu'actuellement ; non moins favorisés que les agriculteurs, les vignerons devraient agrandir leurs caves, **dans** la même proportion que les premiers leurs greniers ; nul doute que tous ne soient enchantés d'être, pour ce motif, contraints à pareille dépense !

Travailler moins pour produire plus, est le renversement de ce que jusqu'ici, on pratique. Lorsqu'un industriel veut augmenter sa production, il fait faire des heures supplémentaires, qu'il **paye** jusqu'au double des heures ordinaires. Si ce qu'affirment les partisans des courtes journées est établi de science positive, en agissant comme ils font, au détriment de leur bourse, les industriels iraient contre le but qu'ils veulent atteindre ; et ceux qui, pour ratrapper le temps perdu en morte-saison, travaillent douze et quatorze heures, commettraient la même bévue ! Est-il ouvrier aux pièces qui, lorsque le travail diminuant, on obligeait à ne travailler que huit heures, ait constaté au bout d'un mois, qu'il ait gagné plus que lorsqu'il faisait des journées de dix heures ? En sorte qu'en limitant la journée à huit heures, afin de restreindre sa production, son patron aurait précisément pris le moyen de l'augmenter !

N'y a-t-il pas dans les affirmations de MM. Delahaye et Malon, quelque chose qui semble surnaturel, inaccessible à la raison, que l'on ne peut admettre que comme un article de foi ? Jusqu'à plus ample information, toutes choses égales d'ailleurs, à moins de renier l'arithmétique, payer le même prix une journée plus courte, c'est bel et bien augmenter le prix des objets fabriqués pendant sa durée ; et, augmenter le salaire de cette journée, c'est, sans contredit, faire subir à leur prix une seconde augmentation ! Payer plus cher la façon des objets, afin de les produire à bon marché, est toutefois, l'inverse de ce que font les allemands pour nous battre sur les marchés étrangers, et sur le nôtre lui-même.

Mais, moins heureux que ces derniers, nous

manquons déjà de débouchés, et on se plaint de l'excès de production ; que pourrions-nous faire, de deux fois et demi autant de marchandises ?

S'il était bien démontré qu'en douze heures, on en fait moins qu'en dix, et surtout — cela assure-t-on est indubitablement établi de science positiviste — qu'en huit, à moins de persévérer dans la routine, aucun patron ne s'aviserait plus, afin d'obtenir plus de besogne, de faire faire des heures supplémentaires, il ne devrait y recourir, que lorsqu'il voudrait diminuer sa production.

La science moderne a donc, assure-t-on, démontré que si l'on travaille neuf, dix, douze heures, on en fait moins qu'en huit, et que travailler plus que cette durée est homicide. Or, dans les travaux qu'il concède, le conseil municipal autorise à faire des heures supplémentaires, qui doivent être payées 25 et même 100 0/0 en plus que les heures ordinaires. S'il est scientifiquement établi que travailler plus de huit heures ait les conséquences funestes sus-énoncées, autoriser les heures supplémentaires dans nos travaux, n'est-ce pas à la fois, gaspiller notre argent pour en empêcher l'avancement et vouer à la mort les ouvriers qui les exécutent ? Ou il en doit être ainsi, ou les docteurs ès science moderne se gaussent de nous ! Et nos édiles, on le sait, se piquent d'être de première force en cette science, et de ne rien faire qui n'y soit conforme !

Aussi peu ménager des deniers publics et de la

vie des ouvriers que nos mandataires municipaux, l'amiral Krantz, ministre de la guerre. voulant hâter l'armement de notre flotte, au lieu d'ordonner de ne travailler que huit heures, vient de faire travailler douze et même quatorze heures, au lieu de dix ; en sorte que, contrairement à son intention, au lieu de hâter l'armement, ce surcroît de travail a dû le retarder ; cela étant scientifiquement prouvé, impossible qu'il en ait été autrement !

Généralement, comme M. Denoufoux, on réclame la journée de huit heures, afin de donner du travail à un plus grand nombre de personnes ; mais, ou l'influence sur la productivité du travail, attribuée par M. Malon et Delahaye à la journée de huit heures n'est pas réelle, ou si elle est réelle, au lieu de permettre d'occuper un plus grand nombre d'ouvriers, elle condamnerait au chômage plus de la moitié de ceux actuellement occupés. Si, afin de remédier au chômage, les partisans de la journée de huit heures en demandent l'application, c'est qu'ils savent parfaitement qu'au lieu de dix heures si on ne travaille que huit, pour faire la même besogne il faudrait dix ouvriers au lieu de huit, ce qui contredit leur dire relativement à l'influence exercée sur la productivité du travail par la journée de huit heures. Donc, d'après les assertions émises, avec la journée de huit heures, ou chômage d'un plus grand nombre d'ouvriers, ou diminution de leur production journalière, et par

suite, à moins de diminution du salaire, élévation du prix des produits. Le renchérissement
étant non moins fâcheux que le chômage de la
moitié des ouvriers, des deux affirmations, quelle
que soit la véridique, au lieu de réclamer la journée de huit heures, il faut tout faire pour empêcher son adoption.

Malgré cette contradiction, que ceux qui ont foi
dans les doctrines de MM. Malon et Delahaye,
pour en montrer la véracité, montent deux ateliers identiquement outillés, avec un personnel de
même capacité, dans l'un desquels on ne travail-
lera que huit heures et dans l'autre dix heures ; ce
sera bien plus probant que tous les discours. La
question est du plus haut intérêt pour les patrons
eux-mêmes. Que l'on monte donc deux ateliers de
peintres en porcelaine, que l'on mette aussi à l'ouvrage deux laboureurs ; s'il est bien établi que
ceux qui n'auront travaillé que huit heures, ont
produit deux fois et demi autant que les autres ;
si, de plus, leur ayant donné un plus haut salaire,
ce qu'ils auront produit revient à meilleur marché, cette expérience très simple et peu coûteuse,
trancherait radicalement la question.

Rien n'étant plus propre à persuader qu'un
fait, en même temps qu'ils serviraient leurs intérêts, ils rendraient à tous ceux qui travaillent
le plus signalé service ; plus besoin ne serait
alors de déranger les députés, pour confectionner une loi, qui fasse un criminel de quiconque

travaille plus de huit heures par jour, ni de gendarmes pour contraindre à l'observer; on peut être assuré que, le cas échéant, à la vue de pareils avantages, en un clin d'œil, tout le monde s'empresserait de suivre leur exemple; ce serait, quand, obligé de restreindre la production d'un huitième, d'un quart, de moitié, au lieu de huit heures, on devrait travailler neuf, dix, douze heures, qu'il faudrait recourir au gendarme pour y contraindre.

LE REVENU DE LA FRANCE ET LES SALAIRES

**Le revenu de la France serait insuffi-
sant pour élever à 7 francs par jour, le
salaire de tous les travailleurs.** — L'a-
bréviation de la durée de la journée, on vient de
le voir, n'est quant à présent guère possible ;
reste à examiner si l'élévation de la rétribution à
7 francs au moins, l'est davantage.

A voir les prétentions élevées relativement à la
rétribution, il semble que l'on se fasse une idée
très exagérée de la richesse de la France ; ce qui
est certain, c'est que son revenu ne saurait suffire à payer tous les travailleurs, au taux actuellement réclamé.

Selon M. Paul-Leroy Beaulieu, le revenu annuel de la France est de 25 à 30 milliards (1) ;
selon M. de Foville, il y a quelques années le
revenu de la France pouvait atteindre le chiffre
admis par M. Leroy-Beaulieu, mais le phylloxera,
la crise industrielle, commerciale, agricole, le
krach, ayant sensiblement réduit les ressources de

---

(1) *Précis d'Economie politique*, page 138 et 268

beaucoup de familles, le revenu national serait actuellement compris entre 20 et 25 milliards (1)? Ces économistes étant tous deux des autorités, admettons que le revenu de la France est de 27,500 millions, c'est la moyenne de leur estimation la plus élevée.

Dans son ouvrage, M. de Foville évalue à 18 millions 300,000, la population qui vit de l'agriculture. La population qui vit de l'industrie, du commerce, des transports, de la marine à 13,900,000; les personnes qui exercent les professions libérales 1,600,000 et les rentiers et pensionnés vivant exclusivement de leur revenu, 2,100 mille, Sur les 18,300,000 personnes formant la population agricole, 6,813,900 seulement, prennent part au travail (2). L'industrie grande et petite, le commerce en gros et en détail, les hôtels, cafés, cabarets, etc., comptent ensemble 2,657,800 patrons et 3,274,000 ouvriers et employés des deux sexes. Le personnel des chemins de fer s'élève à 241,000 celui de la marine marchande à 112,195, et celui de la pêche maritime à 140,400. Les artistes de toutes sortes, les écrivains, les savants, les professeurs libres, les avocats, les médecins, etc. sont, en tout, au nombre de 207,624 (3). Supposé

---

(1) *La France Economique* page 433.

(2) **Album de statistique du Ministère des travaux publics pour 1887.**

(3) **De Foville, id., p. 52 à 54, 267, 281, 282, 288.**

qu'aucune classe de travailleurs n'ait été oubliée, — et M. de Foville fait remarquer que dans cette énumération, on a omis les vétérinaires ! — cela donne un total de 13,416,919 travailleurs de toutes professions.

A Paris aujourd'hui, beaucoup d'ouvriers gagnent 0 fr. 70 par heure, 7 fr. pour une journée de dix heures. Ils trouvent cette journée trop longue, et sa rétribution insuffisante, pour vivre convenablement. Le conseil municipal est d'avis, on l'a vu page 62, qu'à Paris on ne doit travailler que neuf heures, et qu'on doit gagner 0 fr. 90 par heure. On ne saurait qu'approuver l'élévation du salaire au taux fixé par le conseil municipal, mais, afin de ne pas créer une classe privilégiée parmi les travailleurs et de ne léser personne (*Voir* p. 56), ce salaire ne devrait pas être accordé seulement à une certaine classe d'entre eux, mais à tous indistinctement, sans en excepter les femmes, ainsi que le réclame un congrès révolutionnaire, en son programme adopté le 6 mai 1884 : « A travail égal, égalité de salaire, pour les travailleurs des deux sexes », y est-il dit. C'est aussi l'avis de MM. Yves Guyot et Frédéric Passy : « Le travail, dit ce dernier, n'a pas de sexe ; il vaut ce qu'il vaut, quelle que soit la main qui l'ait fait. — Que non seulement le patron particulier, mais l'État dans ses tarifs, ait deux taux différents pour le même service, selon que c'est un homme ou une femme qu'il en charge, c'est une faute (1). »

Ce ne saurait être avec 25 milliards, ni même avec 30, que l'on pourrait élever tous les salaires au taux proposé. Si le salaire de 13,446,919 travailleurs était seulement de 7 francs, en comptant par an 300 jours de travail, il faudrait 28 milliards 238,529,900 francs, pour leur rétribution annuelle, et il resterait à pourvoir à la rétribution des capitaux, que MM. P. Leroy-Beaulieu et de Foville estiment à 8 milliards au moins ; la fortune de la France étant évaluée à 200 milliards, rapportant 4 0/0 (2). En attribuant 8 milliards aux capitaux, cela porterait à 36,238,529,900 francs la somme nécessaire à la rétribution annuelle des ouvriers quelconques, des patrons, inventeurs, savants, ingénieurs, artistes, écrivains, médecins, avocats, etc., au prix unique de 7 francs par jour. Si, selon la décision du conseil municipal, on élevait la journée à 8 fr. 10, il faudrait 4,437,483,270 francs en plus, lesquels, ajoutés aux 36,238,529,900 fr., porterait à 40,676,013,270 francs la somme nécessaire à ladite rétribution. Il y aurait, dans ce cas,

---

(1) Paroles de M. Passy à la Société d'Économie politique, 7 juin 1884.

(2) *Précis d'Économie politique*, p. 368 ; *la France économique*, p. 432. Selon les statistiques, l'Angleterre et les États-Unis seraient plus riches que la France ; le capital du premier de ces deux États serait de 218 milliards et celui du second de 237,375 millions, id., p. 445. Récemment au Sénat, M. Hugot évaluait à 190 milliards seulement, le capital de la France.

une insuffisance de 13,176,013,270 francs ; l'insuffisance ne serait que de 8,738,529,900 francs si la journée n'était payée que 7 francs ; et quand on ne donnerait aucune rétribution au capital, l'insuffisance serait encore de 738,529,900 francs !

Au cas où l'on admettrait que les artistes, les écrivains, les savants, les hommes de talent en général, méritent de gagner plus que les moindres ouvriers ; que, par exemple, en violation du principe égalitaire, MM. Rochefort, Clémenceau, etc., ont droit à une rétribution supérieure à celle des crieurs et distributeurs de leurs écrits ou journaux, l'insuffisance ci-dessus signalée, serait encore accrue de la somme nécessaire pour rétribuer au dessus de 7 francs, chacun selon l'importance de ses œuvres, tous les hommes de capacité et de talent.

Si l'on se bornait à augmenter le prix de la façon des objets, afin d'élever le salaire au taux sus-énoncé, ce ne serait qu'une amélioration fictive, puisqu'elle devrait avoir pour conséquence une augmentation de dépense correspondant au renchérissement (*Voir* p. 56). Il ne peut y avoir d'amélioration réelle que si le surcroît de rétribution résulte d'une plus abondante production ; centupla-t-on le salaire, si l'ou ne produit pas davantage, on n'aurait pas à consommer une guigne de plus !

De tous temps, il y eut des citoyens assurant

posséder un secret pour faire tomber des cailles toutes rôties, mais affirmant ne pouvoir effectuer ce prodige que si on les mettait au pouvoir. Quoique jamais on n'ait vu tomber des averses de cailles, on croit pourtant encore ceux qui, au nom de la science moderne, assurent posséder pareil secret et n'en pouvoir faire usage qu'à la condition sus-énoncée. On a cependant pu se rendre compte que, plus on change de gouvernants, plus c'est la même chose pour les gouvernés, à moins que ce ne soit pis. Qui ne comprend que tout accroissement de richesse, dépend bien moins des gouvernants que de l'activité des travailleurs et des découvertes scientifiques et industrielles!

Celui qui a trouvé le moyen de faire produire par chaque arpent seulement un boisseau de grain de plus, a fait pour le bien de ses concitoyens, plus que l'auteur de la plus mirobolante constitution! Et dire qu'après toutes celles qui sont allées rejoindre les vieilles lunes, des citoyens ont encore foi qu'on parviendra à leur confectionner un Gris-gris (1) de cette espèce, qui transformera notre nécessiteux pays en un Eldorado, où tout le temps, ou à peu près, on se croisera les bras, et où, comme des ministres, tout le monde ne sortira d'une fête splendide que pour aller se réconforter dans un banquet, sans rétribution, comme celui

---

(1) Le Gris-gris est un papier portant des versets du Coran, qui sert de talisman.

où vient d'assister tout notre état-major civil, et auquel nous avons eu l'honneur de participer... de notre bourse ! Reconnaissons que la : si intéressante classe des déshérités n'a pas été oubliée ; afin qu'ils ne se régalent pas seulement d'une façon représentative, par le gosier de leurs mandataires, on eut la fraternelle pensée de leur donner de quoi sabler une chopine de Clos-Bercy, pendant qu'avec leur argent, au Champ-de-Mars, à grand fracas, on faisait à flots mousser le champagne ! Allons ! l'Égalité et la Fraternité ne sont plus de vaines paroles ! Il y a des gens qui vont disant que, puisqu'on dînait gratis, il eut été encore plus fraternel, plus égalitaire, moins aristocratique, que chacun, à ce démocratique gala, amenât un pauvre, lequel, étant contribuable, en payait même un peu la carte ! Pourra-t-on jamais contenter tout le monde et son père ?

On est mécontent des gouvernants actuels, on a peut-être bien certaines raisons pour cela. Croit-on qu'il suffise de mettre à leur place les possibilistes, les collectivistes, la Commune, le général Boulanger, etc., pour que tout vienne à souhait ? Sur quelles données se base-t-on pour prouver que l'établissement de l'un ou l'autre de ces systèmes aurait la vertu d'augmenter la production suffisamment pour réaliser les promesses des programmes de leurs promoteurs ? On assure que si, au lieu de dix heures, on ne travaillait que huit heures par jour, on produirait deux fois et demi autant ! Peut-on sérieusement compter, qu'à condition de travailler deux heures de moins par jour, on obtiendra pareille augmentation de produits?

Que nos financiers gouvernementaux décrètent que les citoyens chargés de procurer : Gloire et bonheur ! Au travailleur ! auront 10, 15, 25, 50 francs, etc., par jour ; à cette fin ils décrètent, d'autre part, que tous les travailleurs, sans en exempter leur moindre progéniture, auront à payer, par an, 86 à 87 francs par tête ; ce n'est pas plus difficile que ça.

Prendre sur les petits salaires, afin de faire de gros émoluments aux citoyens qui, généreusement, se dévouent au bien de tous, est une opération des plus simples et dont la possibilité est, par le fait même, chaque jour démontrée ; mais payer tous les travailleurs à raison de 7, et même 8 à 9 francs par jour, est une matérielle impossibilité, à moins qu'au préalable le revenu de la France n'ait été élevé de 27,500 millions à plus de 40 milliards.

On aura beau décréter qu'il faut annuellement que la France produise 40 milliards, en dépit des discours, des programmes, des décrets, cela ne se fera pas !

Ou sénateurs, députés, conseillers municipaux, publicistes, possèdent un procédé pour opérer le miracle de la multiplication des millions, ou il leur est impossible de réaliser les promesses qu'ils font aux travailleurs; leurs discours, et leurs écrits, font naître chez ces derniers les plus chimériques espérances, lesquelles ne peuvent que leur causer de cruelles déceptions.

Examinons maintenant, non ce qui reviendrait à chaque travailleur effectif, mais à chaque français et française de tout âge, de la classe travailleuse, en partageant également entre eux, les 19,500 millions susmentionnés. La population de la France est de 38,212,903 ; si on en retranche 2,100,000 pensionnés et rentiers, il reste 36,112,903 personnes ; 19,500 millions partagés en 36,112,903, donne par an 539 fr. 973 ; cette somme divisée en 365, donne par jour 1 fr. 479 ; mettons 1 fr. 48 ; cela fait 5 fr. 92 pour quatre personnes ; c'est 0 fr. 27 de moins qu'il ne revient à chacun, dans un ménage où il y a deux enfants, et qui dispose de 7 francs par jour ; 7 francs partagés en quatre, donnent, en effet 1 fr. 75.

Si, au lieu d'attribuer à chacun des membres d'une famille de quatre personnes, une part égale des 5 fr. 92 qui devrait lui revenir, on les partageait proportionnellement à leurs besoins, la dépense de la femme étant évaluée inférieure du sixième à celle de l'homme (1), on peut attribuer au père 2 fr. 35 ; à la mère 1 fr. 75 ; et 0 fr. 91 à chaque enfant ; 2 fr. 35 répétés 365 fois donnent 857 fr. 75 ; 1 fr. 75 répétés 365 fois donnent

---

(1) P. Leroy-Beaulieu : *Le Travail des Femmes*, p. 131.

639 fr. 75. Tout homme, toute femme célibataires qui, par an, gagnent, l'un 837 fr. 75, l'autre 639 fr. 75 reçoivent donc chacun, la part du produit du travail en France, à laquelle part, proportionnellement partagée, ils pourraient prétendre.

La quote-part d'un célibataire masculin étant de 857 fr. 75, il ne peut recevoir davantage, sans rogner celle de quelqu'un, et celui qui gagne 7 francs reçoit par jour, en plus de sa part, celle de presque deux travailleurs ; il boit leur sueur et leur sang, pour employer la locution si en faveur ; les ouvriers qui, sur l'injonction du conseil municipal, reçoivent 90 centimes par heure, boivent ceux de plus de deux de leurs concitoyens.

Pour calculer de combien de leurs électeurs, les membres dudit conseil boivent la sueur et le sang, il faudrait additionner, ce qu'ils ont de rentes, ce qu'ils prélèvent sur leurs ouvriers, puis leurs honoraires. Si l'on était à Marseille, il faudrait ajouter les pots-de-vin.

*
* *

M. Joffrin reproche à ses confrères de s'immiscer par trop dans des entreprises commerciales, etc. ; mais M. Lefebvre-Roncier jure qu'ils le font avec le plus entier désintéressement, et qu'à Paris, dans les honoraires des représentants

municipaux, les pots-de-vin se réduisent à zéro
A propos d'une gratification de dix mille francs,
que cet honorable conseiller est accusé d'avoir
reçue, son collègue, M. Marsoulan, disait à ses
électeurs, le 24 juillet 1887 : « Je ne suis pas un
coureurs d'honneurs. Je suis le seul qui n'ait jamais
rien été au conseil municipal. — Je savais parfaitement que j'allais me heurter à un groupe puis-
sant dont j'ai été le fondateur, mais qui ne lais-
serait pas impunie mon audace. — Je n'ai pas
craint d'être écrasé. — Au reste, l'enquête se
poursuit ; vous verrez grouiller les vers, dans ce
ramassis d'ordure et de fange ; vous verrez les infamies succéder aux infamies. Car, comme l'a
fort bien dit M. Joffrin, dans cette écurie d'Augias,
un cheval qui rue fait ruer l'autre. »

Ainsi, les membres du conseil municipal de
Paris sont des coureurs d'honneurs, grouillant
dans un ramassis d'ordures, commettant infamies
sur infamies, ou MM. Joffrin et Marsoulan, qui
assurent être les plus honnêtes d'entre eux, sont
des calomniateurs.

*_**

Tout travailleur dont le gain annuel atteint
858 francs, recevant sa quote-part du produit du
travail, n'a donc, s'il est égalitaire, nul légitime
motif de se plaindre de sa rétribution ; seuls les
partisans de la rétribution équivalente au produit,
auraient motif pour réclamer. Nombreux évidem-

ment, surtout dans les villes, sont les hommes et les femmes qui reçoivent plus que leur quote-part ; la moindre domestique, nourriture, etc., compris, gagne assurément plus de 640 francs. La quote-part respective revenant aux hommes et aux femmes, dans les 19,500 millions afférents aux travailleurs, étant de 858 francs et de 640 francs, si certains reçoivent plus, c'est que d'autres, notamment des millions de paysans, reçoivent moins ; les gros émoluments, les hauts salaires, en réalité, qu'est-ce qui paye tout ça ? C'est le paysan ! comme dit la vieille chanson. Beaucoup de ceux qui se plaignent de la modicité des salaires gagnant plus de 858 francs, ne peuvent, à cet égard, réclamer qu'en faveur des autres, car dans la supposition, au lieu d'avoir un boni à recevoir, ils auraient une réduction à subir.

Comme dans ce qui précède, il a été tenu compte de la rétribution des capitaux, on peut penser que si la somme y affectée était répartie sur les salaires, il en résulterait pour ceux-ci une élévation dont, très probablement, on exagère beaucoup l'importance. Si l'on suppose nos 27,500 millions répartis entre 38,212,903 personnes, il y aurait dans ce cas pour chacune, 1 fr. 98 par jour ; pour quatre personnes, cela ferait 7 fr. 92. C'est, pour un ménage qui a deux enfants, 0.23 par tête, plus qu'il ne revient à chacun dans un pareil ménage, qui a par jour 7 francs à dépenser. Dans cette supposition, on peut attribuer au père 3 fr. 32, à la mère 2 fr. 60, et 1 fr. à chaque enfant, total : 7 fr. 92. Si l'on tenait compte des étrangers, au nombre de 1,115,214, qui prennent part à la production, la part journalière de chaque français devrait être diminuée d'un certain nombre de centimes. Ainsi la part proportionnelle du revenu de la France afférente à un travailleur masculin célibataire serait de 3 fr. 32 par jour, et celle d'une femme dans la même situation de 2 fr. 60 ; 5 fr. 92 pour le mari et la femme sans enfants. Lorsque les affaires sont dans des conditions normales, est-il dans l'industrie travailleurs de quelque capacité qui ne gagent cette journée ?

Quoique faites *grosso modo*, tant inexactes que puissent être ces évaluations, elles sont cependant suffisantes, pour montrer que certainement, bien des personnes s'abusent, sur les avantages que pourrait leur procurer une rétribution égalitaire. De quelque façon que l'on s'y prenne, la somme étant petite relativement au nombre de ceux entre lesquels elle doit être partagée, comme il y a des millions de travailleurs dont le salaire est très minime, si l'on égalisait tous les salaires, ceux qui reçoivent la rétribution couramment perçue, surtout à Paris, n'auraient rien de plus à recevoir, les plus rétribués auraient même à y perdre.

Si donc en France, les ouvriers étaient tout à fait égalitairement rétribués, à moins de ne plus rien payer aux capitaux, — et est-il possible de ne plus payer l'intérêt de l'argent, le loyer des usines, des maisons, etc.? — avec le produit actuel du travail, une famille de quatre personnes ne pourrait recevoir que 5 fr. 92 (voir p. 142), soit 2,160 fr. en 365 jours. Si beaucoup d'ouvriers agricoles pouvaient y trouver avantage, il en serait tout autrement pour un grand nombre d'ouvriers de l'industrie, parmi lesquels précisément se trouvent les égalitaires. Vraisemblablement, les promesses, soit orales, soit écrites, qu'on leur prodigue, leur font concevoir de tout autres espérances. On dira qu'attendu la cherté qui existe dans les villes, les ouvriers qui les habitent auraient droit à un surcroît de rétribution ; il est douteux que le surcroît auquel ils pourraient légitimement prétendre, élève leur salaire, sensiblement au dessus de celui qu'ils reçoivent ; en sorte que les choses resteraient pour eux, à peu près ce qu'elles sont aujourd'hui. Est-il vraiment nécessaire de tout bouleverser, afin d'arriver à pareil résultat ?

Pour que chacun reçoive une part, non pas égale, mais proportionnelle des 19,500 millions, qu'annuellement tous les travailleurs quelconques ont à se partager, il faudrait, non pas songer à augmenter la journée de 7 francs — on l'a vu précédemment, il est de toute impossibilité d'accorder à tous ce salaire — mais bien à lui faire subir une diminution, afin d'augmenter le salaire de ceux qui reçoivent moins que leur quote-part ; le célibataire, par exemple, qui a 5 fr. 92 par jour à dépenser, devrait subir une diminution de 3 fr. 57.

Que ce soit en connaissance de cause, que ce soit inconsciemment, les travailleurs qui, par jour, reçoivent 7 francs vivent, en grande partie, aux dépens de ceux qui gagnent moins. On peut juger d'après cela, combien de ceux qui reprochent aux patrons, aux bourgeois, de boire leur sueur et leur sang, boivent, eux, ceux de leurs confrères. Il n'est pas certain que si on voulait le leur imposer, ils consentiraient à s'en sevrer, sans récriminations et sans un regret profond.

Il ressort de cet examen, que notre travail ne nous donne des moyens d'existence que très restreints, et, conseillers municipaux, députés, sénateurs, etc., qui acceptent la mission de gérer et défendre nos intérêts, ne peuvent ignorer combien nous sommes pauvres. Inexplicable mystère, nos gouvernants sont des démocrates qui se distinguent par leurs talents, leur science, leurs vertus; s'il en était autrement, cela infirmerait la véracité de la Déclaration des Droits de l'homme et leurs propres déclarations; malgré cela, nous payons beaucoup plus d'impôts que dans les pays gouvernés par de rapaces tyrans, de cupides aristocrates qui, à merci, imposent leurs sujets! On serait enclin à penser qu'une partie des énormes impôts qu'on prélève sur des salaires dont, selon le sexe, la moyenne est de 2 fr. 35

et 1 fr. 75, sert à faire à nos législateurs, ministres, etc., à leurs parents, amis, protégés, des émoluments, des pensions de 4, 10, 25, 50, 100, 200,000 francs par an, sans compter les jetons de présence, les gratifications et autres accessoires. Certains, assure-t-on, qui étaient sans le sou avant de se sacrifier pour le peuple, quoique dépensant 50,000 francs par an, devenus riches à millions, tout comme de vrais aristocrates, se bâtirent qui un hôtel, qui un château, et des plus cossus, où, paraît-il, ils mènent la vie, non comme les austères spartiates, mais comme les démocrates raffinés d'Athènes, laquelle ne serait pas sans quelque similitude avec la vie des seigneurs de la Régence.

Ne faudrait-il pas être de la plus insigne malveillance, pour penser que des citoyens qui jurent de se sacrifier pour le bien de leurs frères déshérités, de nous gouverner au meilleur marché possible, et dont la Déclaration des Droits de l'homme garantit les vertus, puissent s'attribuer une rétribution imméritée, et qui ne soit pas conforme à la plus rigoureuse égalité des salaires !

LE SALAIRE DES OUVRIERS AGRICOLES

Existe-t-il quelque raison, justifiant l'infériorité du salaire des ouvriers agricoles ? — Si comme l'affirme M. Fr. Passy p. 18 : « Le travail vaut ce qu'il vaut quelle que soit la main qu'il l'ait fait », cela justifie qu'un travail exécuté par un cultivateur, équivalant à un travail exécuté par un ouvrier, vaut autant que ce dernier travail, et qu'il doit lui être attribué une rétribution égale.

Pour justifier qu'une rétribution plus élevée est due aux ouvriers, on donne généralement pour raison, que dans les villes, la vie est plus chère qu'à la campagne. M. E. Chevalier le nie. « Personne, dit-il, même parmi ceux dont nous rejetons le sentiment, ne conteste que le salaire minimum de l'ouvrier des campagnes, ne soit inférieur à celui de l'ouvrier des villes (*voir* p. 59) ; et cependant, à part leur loyer, quels sont les articles du budget qui soient moins élevés pour le premier que pour le second ? La viande ? elle est aussi chère en province qu'à Paris. Le pain ? le prix est à peu près égal partout. L'épicerie ? elle est plus chère chez le petit épicier de village, dont la clientèle est rare, que chez le grand épicier de ville, dont les frais généraux sont moindres proportionnellement: (1) » D'ailleurs, si en province les boissons sont moins chères, en revanche, les vêtements, la mercerie, la papeterie, la pharmacie, etc., y sont plus chers ; au village, il n'y a point de consultations médicales gratuites ; on ne donne pas gratuitement des médicaments, des bains, etc. ; on n'entretient pas en partie les écoliers. Supposé que M. Chevalier se trompe ; qu'il apprécie trop bas le coût de la vie dans les villes, il est toutefois certain, qu'à Paris même, où l'on gagne deux à trois fois autant qu'à la campagne, il n'en coûterait pas le double, pour se nourrir, se vêtir, se meubler comme les petits cultivateurs et les ouvriers agricoles. La fraternité, l'égalité, n'interdisent-elles pas que, sous tous ces rapports, leurs frères les citadins jouissent d'avantages auxquels il leur serait interdit de prétendre ?

Le surcroît de salaire que reçoivent les ouvriers, n'est donc pas exigé par le prix des choses indispensables à la vie. Voici sur quoi l'on motive l'élévation de leur salaire. « Nous ne pensons pas, dit M. Chevallier, que ce soit la valeur seule des subsistances qui règle le minimum du salaire, mais plutôt le niveau des besoins et des habitudes.

---

(1) *Les Salaires au XIXe siècle*, par M. Emile Chevallier, maître de conférences à l'Institut agronomique (Rousseau, rue Soufflot, n° 14), p. 172, 119, 141, 143, 147 à 149,

L'ouvrier des villes a des besoins que ne connaît pas le paysan ; il mange de la viande deux fois par jour, pendant que le second n'y goûte qu'aux dimanches et aux fêtes. — Ces besoins deviennent une seconde nature, à laquelle il y a lieu de satisfaire, et aussi impérieuse que les appétits naturels, simples et rudimentaires, de l'homme sauvage » (1).

Si, pour déterminer le salaire minimum, on tient pour besoins de première nécessité, la satisfaction des habitudes contractées, au lieu de dire : Chacun doit recevoir selon ce qu'il produit, il faut dire : Chacun doit recevoir pour satisfaire les habitudes qu'il a prises à tort ou à raison. C'est une autre façon de dire : A chacun selon ses besoins, « principe de justice... absolument inadmissible, et il n'en est aucun, même le communisme qui ne fût préférable » (2).

Ainsi, selon M. Chevallier, par cela seul qu'ils travaillent dans un atelier ou une usine, même les plus incapables, acquièrent droit, à un gain qui leur permette non-seulement le nécessaire, mais toutes les superfluités, les divertissements, auxquels leur séjour dans les villes leur fait prendre goût ; tandis que les paysans, ne sauraient prétendre qu'à un salaire suffisant, pour manger pen-

---

(1) P. 114, 173, 174.

(2) M. Ch. Gide, professeur d'économie politique à la Faculté de droit de Montpellier : *Principes d'Economie politique*, p. 445. Larose et Forcel, rue Soufflot, 22,

dant la semaine, des pommes de terre, des choux, et de la viande seulement le dimanche et les fêtes ! On ne saurait trouver mieux pour encourager l'abandon des campagnes !

D'après cela, tant que le paysan sera sobre, il ne pourra prétendre qu'à un minime salaire ; que comme les ouvriers des villes, il travaille peu ; qu'il se mette à manger de la viande deux fois par jour ; à son déjeuner, des huîtres, une bouteille de vin blanc, le café, le pousse café, etc. (p. 97), que les jours de marché, de foire, il ne rate pas un café-concert, un saltimbanque, dont toutes les variétés sont en si grand honneur dans la Ville-Lumière ; qu'il s'adonne enfin à tous les plaisirs et divertissements, où les parisiens trouvent la satisfaction de leurs besoins intellectuels et moraux, et ils auront droit à gagner 90 centimes par heure de travail ! Les paysans seront bien nigauds, s'ils ne s'adonnent pas à tout cela, puisqu'en en prenant l'habitude, ils acquerront le droit d'exiger un salaire qui leur permette d'y satisfaire.

Que ce soit pour la raison indiquée par M. Chevallier, ou pour toute autre, il est constant que les ouvriers gagnent deux à trois fois autant que les cultivateurs ; que, par conséquent, ceux-ci leur achètent leurs meubles, leurs étoffes, vêtements, les ustensiles, outils, machines, employés à la production du blé, des légumes, etc., deux à trois fois autant qu'ils leur vendent ces produits de leur propre travail.

En réalité, les ouvriers citadins vivent donc quelque peu aux dépens du rural ; entre citadins et ruraux, dans beaucoup de cas, les échanges rappellent ceux que l'on fait avec les sauvages ; pour des produits péniblement arrachés : au sol avare, qu'ils arrosent de leur sueur — ce n'est pas une hyperbole — les citadins donnent des bibelots obtenus à peu de frais ; qui ont de l'apparence ; qui sont très voyants, très reluisants, ce qui charme l'organe visuel des bons ruraux grands amateurs du clinquant.

Les cultivateurs se mettraient en grève, pour obtenir l'augmentation de leur salaire, que cela s'expliquerait, puisqu'il s'élève à peine à la moitié de celui d'autres travailleurs ; mais ce sont les ouvriers, et parfois les plus rétribués, qui recourent à la grève pour obtenir un salaire encore plus élevé ; indirectement, leurs confrères qui font usage de leur produits, payent le surcroît de salaire qu'ils obtiennent. (Voir p. 56.)

Si, comme depuis longtemps on en prodigue la promesse, un jour on établit la justice, l'égalité, de toute nécessité la rétribution des démocrates du sol — selon l'expression de M. le ministre Lockroy — devrait être élevée au prorata de celle des travailleurs de l'industrie ; étant hommes et citoyens au même titre que les ouvriers ; comme eux participant à la production de la richesse, aux charges de l'Etat, rien serait-il plus légitime que d'accorder aux cultivateurs, pour un travail égal, une rétribution équivalente à celle des premiers. Alors, il faudrait renoncer au bon marché de la vie, que l'on promet aux ouvriers, en même temps que des salaires élevés, car, l'élévation du salaire des agriculteurs au prorata de celui des ouvriers, aurait pour conséquence l'élévation du prix des subsistances au double du prix actuel. On ne saurait avoir la vie à bon marché que si, par privilège exclusif, les courtes journées et les hauts salaires étant accordés aux ouvriers, les démocrates du sol continuaient à recevoir leur salaire actuel et à travailler douze à seize heures par jour ; à cette condition seulement, leurs frères des ateliers pourraient travailler peu, gagner beaucoup et bien vivre à peu de frais.

Malgré les continuelles promesses de faire régner la justice, et l'encens oratoire que l'on brûle, pour être en bonne odeur auprès des campagnards, des faits très significatifs attestent que l'on ne tient pas sa balance égale, entre les ouvriers de l'industre et les ouvriers agricoles. Il est à la connaissance de tous que maintes fois on a proposé de diminuer les heures de travail et d'augmenter le salaire, dans les ateliers et les usines. Il est sans exemple que propositions pareilles aient été faites en faveur des ouvriers des champs ! Pourtant, celui des agriculteurs restant le même, toute augmentation du salaire des ouvriers, va à l'inverse de la justice. Payant déjà les produits industriels plus cher que relativement ils ne vendent les leurs, la hausse du salaire des ouvriers occasionnerait un renchérissement que les cultivateurs auraient à subir, sur les produits industriels dont ils font usage. Ce serait une **aggravation** de leur pauvreté.

L'acharnement que l'on mit à combattre le droit protecteur de 5 0/0 sur les **blés étrangers**, qui avait pour but d'améliorer un peu la situation si mauvaise de trois à quatre millions de petits cultivateurs, semble bien indiquer que ceux qui travaillent avec une bêche ou une charrue inspirent moins d'intérêt que ceux qui travaillent dans les ateliers et les usines; ceux-ci gagnant **déjà** le double en travaillant moins qu'aux champs, on veut encore les faire vivre à bon marché, **sans paraître** s'inquiéter si ceux qui produisent nos aliments gagneront, eux, pour subsister. Tel est, on ne saurait le contester, ce qu'enseigne l'étude des faits.

*_**

A tort ou à raison les campagnards sont très mal notés; M. Yves Guyot, député, ayant constaté que la Chambre est composée de 77 0/0 de ruraux, leur reproche d'être empressés à comprimer Paris. (Conseil municipal, 18 octobre 1883.) Audit conseil, on juge ces députés d'un tel ridicule, que l'on ne peut, sans rire, y parler d'eux. (*Id.*, 20 déc. 1884). Selon M. H. Maret : « Le mal, le mal immense, c'est l'invasion des assemblées par les majorités rurales. » (*Le Radical,* 15 février 1884.) On formerait des volumes avec les épithètes les moins flatteuses, dont les écrivains et les orateurs les plus dévoués aux travailleurs gratifient les ruraux. Comment pourraient-ils s'intéresser à des gens de qui vient tout le mal, le mal immense !

Les adversaires du droit sur les céréales le repoussaient comme contraire aux intérêts des ouvriers. Ils alléguaient que si les cultivateurs vendaient leur blé un prix qui leur permit de n'être pas en perte, ce serait la ruine des ouvriers agricoles eux-mêmes, attendu que cela aurait pour conséquence de leur faire payer le pain plus cher. On pourrait, à l'aide du même raisonnement, soutenir que c'est la ruine des ouvriers boulangers, si leurs patrons ne perdent pas sur leur pain, attendu que s'ils vendaient à perte leurs ouvriers payeraient leur pain meilleur marché. Il n'y a pas de raison pour qu'on n'applique pas ce raisonnement aux patrons tailleurs, cordonniers, etc.; en sorte que, pour que les ouvriers fussent aussi heureux que possible, il faudrait que, consommant leur propre ruine, tous les patrons vendissent à perte !

***

En présence de l'indéniable violation de l'égalité devant le salaire, commise à leur préjudice, les travailleurs agricoles n'auraient-ils pas toute

14

raison de dire : On s'occupe sans cesse d'élever le salaire des ouvriers, on ne saurait qu'approuver qu'on l'élève autant que possible, nombre d'entre eux ayant, avec leur salaire, bien de la peine à vivre. Mais, à plus forte raison, nous sommes dans le même cas, car de l'aveu de tous, le travail agricole est le plus mal rétribué. Or, nous sommes hommes et citoyens au même titre que tous les français, notre travail produit plus que le tiers du revenu de la France, et comme tous, nous supportons les charges publiques. Ou nous serions une sorte de serfs condamnés à la peine, à la misère, afin que nos concitoyens pussent bien vivre en travaillant peu, — la justice, l'égalité, la fraternité, tant prônées, seraient alors seulement un banal verbiage, un lieu commun de pur ornement, une oratoire eau bénite démocratique, — ou ce n'est pas le salaire des ouvriers de l'industrie qu'il faut, d'abord, songer à augmenter, mais bien le nôtre, plus minime que celui de tous les autres travailleurs. Parceque nous vivons avec sobriété, économie, tandis qu'à la ville on consomme beaucoup de viande, de boissons, et l'on se divertit beaucoup plus que chez nous, est-il bien permis d'invoquer cette étonnante raison, pour motiver qu'on peut nous payer notre travail, bien moins qu'on ne le payerait aux travailleurs des villes qui l'exécuteraient ! Lorsqu'on trouve légitime d'accorder à ces derniers un salaire qui leur permette de satisfaire les habitudes, qu'à tort ou à raison, ils contractent, ne serait-il pas de toute justice d'établir notre rétribution au prorata de la leur, afin qu'avec la portion de salaire qu'on trouve juste de leur accorder pour subvenir à leurs fantaisies, nous pussions dans nos vieux jours, jouir d'un repos que chacun reconnaîtra être bien mérité !

Si contre notre attente, nos frères de l'industrie nous refusaient leur concours, afin d'obtenir la cessation d'une iniquité dont ils profitent, ils autoriseraient à penser que, trouvant criminel que les patrons vécussent à leurs dépens, il leur paraît légitime, juste et fraternel de vivre aux nôtres. En grande majorité ils sont ruraux de naissance ; leurs parents le sont toujours ; si fraternité est, dans leur bouche, l'expression d'un sentiment vrai et non un mot banal et dérisoire, pourraient-ils, sans quelque remords, continuer à jouir d'un bon marché qui aurait notre misère pour conséquence !

Tout travailleur ayant pour principe que : tout travail a une égale valeur, quel que soit celui qui l'exécute ; qu'indistinctement chacun doit recevoir le produit intégral de son travail, et qui met la justice au dessus de ses intérêts, saurait-il nier la légitimité de cette réclamation des travailleurs agricoles ?

SUPPRIMER LA PAUVRETÉ EST-IL POSSIBLE?

Afin d'améliorer la situation des pauvres, on propose, on l'a vu, d'établir l'égalité des salaires et de supprimer la rétribution des capitaux; on propose, en outre, de mettre des « impôts progressifs sur les richesses personnelles et sur les successions — l'abolition de l'héritage en ligne collatérale » (1). — L'application de ces réformes atteindrait-elle le but qu'on se propose?

Le problème à résoudre est, en effet, de rendre plus riches ceux qui sont pauvres; mais, nombre de partisans des réformes sociales paraissent moins se préoccuper d'enrichir les pauvres que d'appauvrir les riches; à leur sens, il ne saurait y avoir de prospérité pour tous, que lorsque les riches étant supprimés, forcément tout le monde sera pauvre; il n'est moyen qu'ils n'imaginent pour parvenir à ce but; si, en dépit de l'abolition de l'intérêt des capitaux et de l'établissement de l'égalité des salaires, il arrivait cependant que certains acquissent une fortune, afin de la détruire

(1) Voir le programme du groupe des députés socialistes publié le 18 mars 1888.

au moyen d'impôts fortement progressifs, de son vivant on lui en prendrait une partie, et à son décès, on prendrait encore une part de ce qui resterait, le tout pour subvenir à la contribution commune, etc. Ainsi, celui qui par son activité, son industrie, ses capacités, ses talents parviendrait à amasser du bien, n'en serait, en réalité, qu'en partie propriétaire; il jouirait seulement de ce que les pourvoyeurs du budget consentiraient à lui laisser. Avant tout, au détriment de ses enfants, de sa femme, de ses sœurs, frères, etc., il aurait à pourvoir aux impôts de tout le monde.

Ceux qui, dans toute fortune, voient la cause de la pauvreté des autres, ne peuvent rien imaginer de mieux que cette réforme, pour détourner de la tentation de s'enrichir. Qui voudrait, en effet, s'astreindre à travailler, pour acquérir un bien dont, au préjudice de ceux auxquels il est le plus attaché, à sa mort, et même de son vivant, les financiers gouvernementaux disposeraient à loisir!

Mettre toutes les dépenses publiques à la charge de ceux qui prospèrent, ce serait l'âge d'or des très nombreux jouisseurs d'en bas, comme M. Brialou appelle les citoyens : « moins altérés de justice que de breuvages malfaisants », clients assidus des 399,145 mastroquets dont la République est constellée? Sans qu'ils aient le moindrement à s'en occuper, la contribution des boit-sans-soif, dont la bourse est toujours vide, serait acquittée, et la pension d'invalide du travail leur tomberait comme la manne, ce serait pour eux un véritable Eden !

Resterait à montrer, qu'afin d'exonérer de leur contribution, même les millions de citoyens qui dissipent leurs ressources de la façon blâmée par M. Brialou, il est légitime de frapper, en quelque sorte d'une pénalité, leurs concitoyens qui prospèrent, en leur appliquant des impôts exceptionnels, et que, malgré qu'on prenne à ces derniers une partie du fruit de leur travail, — selon les termes du programme sus mentionné, — on leur en laisse pourtant, dans son intégralité, la libre et paisible jouissance. — Bien des personnes trouveront ces deux choses difficiles à concilier entre elles, et, d'ailleurs, avec la justice, avec l'égale répartition entre les citoyens de la contribution commune et l'inviolabilité de la propriété, édictées par la Déclaration des Droits de l'homme, que ledit programme invoque, tout en marchant dessus à deux pieds.

Mais examinons si mettre ceux qui possèdent quelque chose hors du droit commun, aurait pour conséquence l'enrichissement des pauvres?

On ne saurait nier que lorsqu'on est rétribué selon ce que l'on produit — c'est l'idéal à atteindre — on travaille avec plus de courage que lorsque, soit que l'on produise peu, soit que l'on produise beaucoup, on reçoit la même rétribution, comme il en serait avec l'égalité des salaires; il est hors de conteste aussi que lorsque l'on peut obtenir un revenu de ses capitaux on est encouragé à en amasser.

La persistance des réclamations relatives aux courtes journées, témoigne assez du désir de travailler le moins possible, et que le gain seul retient au travail. Assurément, si l'on n'était pas stimulé par l'appât d'un gain plus gros, ou l'espoir de jouir à son gré du fruit de son travail, on travaillerait moins; conséquemment on produirait moins; il est à croire aussi que si l'on n'avait plus avantage à épargner, on dépenserait au jour le jour, et c'est incontestablement d'une abondante production et de l'accumulation des capitaux, que résulte la richesse particulière et générale.

Tout porte donc à croire que l'égalité des salaires aurait pour conséquence, l'amoindrissement de la production. Ne retirant plus d'intérêt des capitaux — d'ailleurs, les pauvres étant les plus nombreux, et leurs députés pouvant, à discrétion, imposer ceux qui auraient quelque richesse — personne ne voudrait se donner la peine d'amasser, afin de constituer une fortune; donc, plus de riches; mais cela aurait-il pour inévitable conséquence, l'enrichissement de ceux que leur incapacité, leurs défauts, la fatalité, vouent à la pauvreté? Ce qui n'est pas contestable, c'est que, dans un pays soumis à ce régime, la richesse subirait une prompte décadence, et qu'il serait bientôt au rang des nations les plus misérables. Reste à décider s'il vaut mieux, pour faire régner « la justice et l'égalité sociales », condamner tous les citoyens à une égale pauvreté, que de laisser se produire des fortunes plus ou moins importantes, profitables surtout, c'est certain, à ceux qui en sont les créateurs ; mais qui, cela est de toute vérité, profitent même aux citoyens les plus pauvres. (Voir p. 70.)

Quiconque, cela se conçoit, sait travailler au profit d'un autre, n'est guère courageux à la besogne, et il n'y a pas de raison de penser qu'à cet égard, personne soit d'un autre sentiment que les ouvriers. S'emparer du bien de ceux qui prospèrent, ne saurait donc que décourager les laborieux, les capables, dont les innovations enrichissant le pays, améliorent les conditions de notre existence. Ainsi, autant que l'on peut discerner les conséquences d'un fait, les réformes proposées n'enrichiraient personne ; on peut même, avec quelque certitude, prévoir qu'elles auraient des conséquences toutes contraires, dont les plus pauvres auraient surtout à souffrir.

RÉSUMÉ

Pour résumer : Une nation est une association de services mutuels, à la prospérité de laquelle tout travailleur concourt, et des charges de laquelle il supporte sa part. Que la société conserve son organisation, ou qu'on établisse le collectivisme, le possibilisme, etc., il ne doit y exister, pour personne, aucun privilège ; qu'il soit patron, ouvrier, associé, employé, fonctionnaire, chacun doit recevoir l'équivalent de ce que son travail produit ; cela est conforme à la raison, à la justice, hors de là, il ne saurait y avoir dans la rétribution, que le hasard, la fantaisie, l'arbitraire, si ce n'est la duperie ; incontestablement, les uns produisant beaucoup et les autres peu ; demander, comme on le fait, l'égalité dans la rétribution, est illégitime, injuste ; c'est reconnaître que, par privilège, les uns ont droit a plus que le produit de leur travail, ce qui ne saurait être qu'au détriment d'autres auxquels, à cette fin, on prendrait une partie du leur. Recevoir plus qu'on ne produit est une erreur, si on le fait inconsciemment ; c'est un vol si on le fait en connaissance de cause ! Chacun recevant l'équivalent de ce qu'il produit, l'inégalité de la rétribution ne saurait être préjudiciable à personne ; il est, au contraire, contestable, que s'emparer d'une part du salaire d'un travailleur ne lui porte aucun préjudice ; indubitablement, la rétribution égalitaire paralyserait l'activité des hommes intelligents, actifs, entreprenants, et ainsi, s'opposant à la création de la richesse, nuirait au bien de tous. S'il est à peu près impossible d'évaluer la rétribution de chacun selon la justice absolue, que l'industrie s'exerce par des établissements particuliers ou par des associations, c'est un idéal qu'il faut tendre à réaliser ; il ne saurait léser les légitimes intérêts de personne ; la raison, la conscience disent à chacun de s'efforcer d'atteindre cet idéal ; avec du bon vouloir, petit à petit, on pourrait en approcher. C'est d'ailleurs une folie de dire que le travail est tout, et le capital rien ; s'il en était ainsi, il serait indifférent de l'employer ou non ; il est, au contraire, de toute certitude que son emploi augmente énormément la production, et que, même en lui accordant une raisonnable rétribution, par le bon marché auquel il permet d'établir les produits, il profite même à ceux qui ne le possèdent pas.

Selon M. Clémenceau, la question sociale est aujourd'hui une question de répartition. Or, il est notoire, que des citoyens même déjà riches, reçoivent des émoluments scandaleux, attendu la pauvreté de ceux sur lesquels on les prélève. Et pourquoi n'en réduirait-on pas le chiffre à ce qui doit suffire à une existence démocratique ? Etre démocrate consisterait-il à prendre cette appellation, tout en continuant de pressurer le peuple ? N'appartiendrait-il pas, surtout aux hommes qui, conjointement, conduisent le char de l'Etat et celui du Progrés, de commencer à donner l'exemple de **l'équité dans** la répartition, ce qui est, dit-on, **l'œuvre à** accomplir par la République vraie ? **Gloire aux** démocrates qui, les premiers, donneront cet exemple ! Mais, que chacun juge ce que **méritent** des citoyens qui, dans leurs longues **oraisons,** larmoyant sur les misères de leurs **frères** déshérités, le cœur joyeux, dissipent en luxueuses prodigalités, ou avaricieusement accu**mulent,** l'argent prélevé sur le nécessaire des **frères** sur lesquels ils répandent leur si abondantes **larmes oratoires** ! Que pourraient faire de pire les **aristocrates** les plus endurcis !

APPENDICE

Quelques mots sur les modifications que, selon les craniculteurs, on peut apporter à la cervelle. — Voici brièvement, ce que les plus savants phrénologistes nous apprennent, sur les heureuses modifications, qu'au moyen de la craniculture, on peut opérer sur nos cervelles; c'est pour l'avenir d'un bien heureux augure.

La *Libre-Pensée*, comme la *Pensée nouvelle*, publiée par des physiologistes, des phrénologistes des plus savants, nommément par MM. Clémenceau et Alfred Naquet, disait dans le langage des dieux: « Si l'animal parlait, l'homme aurait des égaux ». Cela établit, scientifiquement que l'animal est un homme moins la parole. Or, tout récemment, un savant donna l'assurance qu'on pourra, sans trop de difficultés, parvenir à faire parler les animaux; alors, ils seront tout à fait des hommes, et l'on aura l'agrément de pouvoir causer avec son chien, son cheval, etc. On dit que cette scientifique nouvelle mit les cochers de fiacre dans une grande jubilation.

Selon l'illustre phrénologiste Paul Broca, si nous

parlons, c'est que notre cervelle est pourvue d'une circonvolution baptisée de son nom, parcequ'il en fit la découverte ; en sorte que, pour faire parler les animaux, qui vraisemblablement en sont dépouvus, sans quoi ils ne pourraient pas ne pas parler, il faudra faire croître, sur leur cervelle une circonvolution de Broca. A moins que ce que les physiologistes et les phrénologistes les plus illustres, assurent être des vérités scientifiquement établies, ne soient pures balivernes, les muets ne pouvant parler, on en doit conclure, que leur cervelle est dénuée de la circonvolution qui est notre moulin à paroles, car, si la possédant, ils ne pouvaient parler, ou si, sans qu'on leur en fit pousser une, des animaux pouvaient parler, c'est que le pouvoir de faire des phrases, dont jusqu'à ce jour, les singes anthroponiens ont eu le privilège, ne dépendrait pas de la circonvolution, qui est la plus grande découverte, et le plus grand titre de gloire, de l'illustre savant précédemment nommé, auquel en reconnaissance de ses précieuses découvertes, on vient d'élever une statue.

Le conseil municipal de Paris, dont la science dépasse de loin celle qu'on enseigne à la Sorbonne et qui a cours dans les académies, est, on sait, à la fois l'académie de la science positive intégrale et le concile de la libre-pensée. D'ordinaire, lorsqu'on veut connaître à fond une seule science et en parler avec autorité, on s'y consacre exclusivement. Or, il est de notoriété que nos conseillers municipaux ont passé leur vie dans leurs ateliers ou au comptoir de leur magasin, au lieu de la passer à l'école ; en sorte que, sans les avoir étudiées, ils connaissent intégralement toutes les sciences, sans compter le reste ; ne pouvant faire la blessante supposition qu'ils parlent et jugent de tout sans savoir de quoi il s'agit, force est d'admettre que, par grâce spéciale, ils ont acquis leur savoir d'une façon surnaturelle, par révélation : Chassez le surnaturel, il revient au galop !

Toujours, est-il qu'en vertu de leur universel savoir, les plus hautes questions : d'histoire naturelle, de physiologie, de grammaire, de littérature, etc., sont pour eux jeux d'enfant. Confirmant la découverte en question, ils ont constaté que, sauf la circonvolution sans laquelle les saltimbanques ne sauraient débiter leurs boniments, ni eux leurs professions de foi, ils sont purement et simplement des primates, c'est-à-dire des singes. Nulle raison ne pouvant prévaloir contre un fait constaté au moyen de la science intégrale, force est bien d'admettre, comme une vérité scientifique irrécusable, que nos conseillers municipaux sont bien ce qu'ils assurent être. Ainsi, le palais communal est un deuxième palais des singes, une annexe à la ménagerie, et les jours de séance on peut y voir des singes savants se livrer à leurs exercices.

Des savants de si haute autorité affirmant que :

si l'animal parlait, l'homme aurait des égaux, la parfaite identité des muets et des animaux, est ainsi scientifiquement établie.

Il est d'ailleurs, banal que, comme aux muets, il ne manque aux chiens que la parole ; s'autorisant de ces deux faits, établis par la plus rigoureuse observation, certaines personnes se hasardent à dire, que si l'on veut apprendre à parler aux chiens, par exemple, nul besoin n'est de leur faire pousser la circonvolution en question, ce qui leur paraît une très grosse affaire, et que, tout bonnement, il n'y a qu'à les envoyer à l'école des muets. Pour hasarder un avis dans une question si élevée de physiologie, il faudrait, d'abord, établir sa compétence ; très probablement, si les savants qui s'occupent de faire parler les animaux ne jugent pas devoir les envoyer à l'école, avec les muets leurs égaux, c'est que pour cela, ils ont de bonnes et scientifiques raisons. D'ailleurs, faire croître une circonvolution de Broca, est, peut-être, une opération bien plus simple et facile, que ne l'imaginent les gens non initiés à la physiologie. A chacun son métier ! Craignons de nous donner le ridicule de Gros-Jean, voulant en remontrer à son curé ! Ce qui est d'une incontestable véracité, puisque cela est affirmé par les savants éminents, rédacteurs de la *Pensée nouvelle*, c'est que les craniculteurs étant en possession de moyens permettant de la culture du cerveau, le même succès que la culture des goujons et des huîtres ; nul doute qu'en ẏ mettant tous les soins et le temps nécessaires, ils ne soient capables de faire croître, sur la cervelle d'un chien, une circonvolution de Broca, aussi : « extraordinairement développée » qu'au témoignage de M. le professeur Mathias Duval, l'était celle de feu le citoyen Gambetta ; on peut donc espérer qu'un de ces jours, il nous sera donné d'entendre quelque caniche, grâce à l'énorme circonvolution de Broca qu'on lui aura fait pousser, faire une conférence contre la vivisection, avec une éloquence égale à celle de l'illustre orateur, et dans un français aussi irréprochable.

Bien certainement nul ami de la science et du progrès ne blâmera, quoiqu'un peu longue, cette instructive incursion sur le domaine de la physiologie la plus avancée ; saurait-on trop propager la connaissance des merveilles de la science moderne !

Les actionnaires des chemins de fer ruinent-ils la France ? — Nul ne saurait disconvenir que l'on doit aux capitalistes, autant qu'aux inventeurs, les progrès accomplis dans l'industrie ; sans capitaux, que pourrait faire l'auteur de la plus importante invention ? Pourtant, aujourd'hui, vilipender les capitalistes semble être un devoir que bon nombre s'imposent et dont ils s'acquittent avec grand zèle. Reconnaissons toutefois, que l'on fait trève, lorsqu'il s'agit d'effectuer quelque emprunt. Oh ! alors, il n'est compliment

qu'on ne leur adresse, vertu qu'on ne leur attribue.

De plus, on jure que, de même que la propriété, les engagements que l'on prend envers
eux sont inviolables et sacrés ! Mais lorsqu'on
tient leur argent, il est maintenant passé en usage
de donner force coups de canif dans leur contrat,
et, comme pour s'en innocenter, il n'est scélératesse
qu'alors on ne leur impute. Les Démosthènes du
jour rivalisent d'éloquence, pour prouver par leurs
harangues, qu'il n'est pires voleurs que les gens
qui, prêtant leur argent afin qu'on puisse établir
des canaux, des chemins de fer, etc., ont l'infamie
de jouir des avantages à eux attribués, par contrat approuvé des législateurs, signé et paraphé
par le pouvoir exécutif ; que, dès lors, rien n'est plus
juste, plus honnête, plus démocratique, que de
tenir pour nul, tout avantage stipulé à l'égard de
si canaille espèce, et de la gruger à merci !

On incline à penser que les citoyens qui impu-
tent à crime, aux actionnaires, un revenu con-
senti et même garanti par l'État, tiennent pour
vol l'intérêt des capitaux. Mais ils sont tous rentiers ; il en est qui ont 50 et jusqu'à 100,000 francs
de rentes ! Cela amène à conclure qu'afin de ne
pas mériter l'épithète d'infâmes capitalistes, dont
ils flétrissent les actionnaires, prêtant, eux, leur
argent, leurs maisons, leurs terres, pour les beaux
yeux de leurs emprunteurs et de leurs locataires,
ils trouvent pourtant moyen de se faire de pa-

reilles rentes, ce qui, purement et simplement, est un miracle financier.

Si l'on éreinte les capitalistes en général, il n'en est pas qui excitent les colères des ennemis du capital, autant que les actionnaires des chemins de fer ; on les accuse de porter préjudice à l'industrie, au commerce, à l'Etat. Examinons ce qu'ont de fondées ces accusations.

D'abord, sans leurs capitaux, on en serait encore réduit aux pataches, aux diligences et au roulage ; on ne saurait nier que les véhicules au moyen desquels actuellement on nous transporte, sont plus confortables et plus commodes que les anciens, et certes, nous voyageons incomparablement plus vite ; dussions-nous payer le même prix qu'anciennement le même trajet, le temps que nous épargnons serait déjà un important avantage ; mais, il y a plus, une tonne de marchandise coûtait de transport par le roulage 30 centimes pour chaque kilomètre ; par les chemins de fer ce transport ne coûte que 8 à 9 centimes ; le prix des transports est donc réduit des deux tiers ; or, annuellement, les chemins de fer font pour 1,100 millions de transports ; pour les effectuer par le roulage il en coûterait 3,300 millions ; c'est donc de 2,200 millions que les actionnaires font profiter l'industrie, le commerce, les particuliers, sur leurs transports ; les actionnaires, eux, pour l'intérêt de leurs capitaux, reçoivent 153,900,000 francs, à peine la quatorzième partie de ce dont nous profitons.

Mais si les chemins de fer sont avantageux au commerce, etc., les actionnaires ne ruinent-ils pas l'Etat? Examinons encore.

Les chemins de fer ont coûté 12 milliards à établir. Nul n'ignore qu'ils ne sont concédés que pour quatre-vingt-dix-neuf ans, après lesquels ils seront la propriété de l'État. Douze milliards en quatre-vingt-dix-neuf ans, c'est plus de 100 millions par an que les actionnaires abandonnent à l'État, sur lesdits chemins, en attendant qu'ils soient sa propriété.

Selon le Bulletin du ministère des travaux publics, février 1885, ces chemins qui, aux actionnaires, rapportent par an, moins de 154 millions, rapportent à l'État 172 millions, en impôts, et 104 millions en services gratuits, ou à prix réduits, sur ses transports, total 276 millions. C'est 1 million de plus que le quart de la recette brute de tous les chemins de fer, qui est de 1 milliard 100 millions. Avec les 100 millions qu'il acquiert par an, sur la propriété desdits chemins, cela fait 376 millions, que les actionnaires procurent annuellement à l'État. Pour 100 francs de revenu que les actionnaires tirent de leur propriété, l'État en tire 244 !

Si l'on ajoute ces 376 millions, aux 2,200 millions susmentionnés, cela porte à 2,576 millions, les avantages que chaque année, les capitaux des actionnaires procurent à la nation. Comment, dans une société où il eut été de principe de ne pas capitaliser, aurait-on pu exécuter les travaux qui nous procurent de pareils avantages?

Les capitalistes font donc jouir les ennemis du capital, d'avantages que, afin de ne pas mériter l'épithète d'infâmes, jurant de ne jamais capitaliser, ils n'eussent jamais eux-mêmes pu se procurer!

Les ministres, les préfets, les procureurs, les sénateurs, les députés qui voyagent, l'un pour son plaisir, l'autre pour fomenter des grèves, prêcher l'extermination des actionnaires, etc., ne gagnant, par an, que 5, 10, 15, 30, 50, 100,000 francs, et plus encore, on n'a trouvé, pour secourir leur indigence, rien de plus juste que de les faire voyager aux frais des actionnaires! tandis que le commerçant, l'industriel, l'ouvrier possesseurs d'actions, qui, eux, voyagent pour le besoin de leurs affaires, payent leur place au chemin de fer dont, pour une part, ils sont propriétaires! Si l'on en croit les discours des sénateurs, des députés, les actionnaires sont : de cupides, de rapaces, d'infâmes capitalistes! Quant à eux qui, voyageant à leurs dépens, les dépossèdent, ils proclament être d'un incomparable désintéressement!

Le président de la République — moins désintéressé que feu le citoyen Gambon qui, seul de tous les députés et sénateurs, ne voulut jamais jouir du privilège de voyager aux dépens des actionnaires — ne se contentait pas de jouir lui-même de ce privilège : « Ce n'est pas la caisse des fonds secrets qui paye pour M. Grévy et sa maison, y compris sa domesticité — mais la Compagnie Paris-Lyon-Méditerranée ; ce sont les actionnaires de cette Compagnie et aussi l'Etat, qui manque de percevoir ses droits d'impôt sur les places, et qui fournit aux garanties du rendement. — On peut s'adresser à la Compagnie Paris-Lyon-Méditerranée on y aura, par la correspondance, la preuve de tout cela », lit-on dans le *Matin*, 2 août 1885. La légion des privilégiés qui voyagent aux dépens des actionnaires grossit tous les jours ; le nombre des personnes qui, en 1885, ont voyagé à prix réduit, n'a pas été moindre de 108 millions sur 207 (1). Pour peu que cela continue, il n'y aura plus que les actionnaires qui payeront leurs transports ! Pourtant, si quelqu'un devait jouir de privilèges ne devrait-ce pas être ces derniers ? Les avantages qu'on leur accorderait pourraient donner une plus-value, aux actions que les conventions et les mauvaises affaires, ont notablement dépréciées. Ce serait une compensation.

Si, comme les propriétaires des chemins de fer, l'État et tout le personnel officiel payaient leurs transports, la somme de 104 millions que cela produirait, permettrait de diminuer sensiblement les tarifs. Ainsi les citoyens qui, à grand renfort d'invectives contre les actionnaires, réclament cette diminution, mettent dans leurs poches, la somme qui précisément la rendrait possible.

---

(1) De Foville, ouvr. cité, p. 264.

Les magistrats, sénateurs, députés, etc., ennemis jurés de tout privilège, qui se sont fait accorder le privilège de voyager aux dépens des actionnaires, grâce aux exemptions de payement dont ils jouissent, retirent assurément des chemins de fer plus que les nombreux travailleurs qui, à la sueur de leur front, ont acquis quelques actions. L'avantage accordé à ces honorables citoyens, obérant les caisses des chemins de fer, ceux-ci sont obligés d'emprunter à l'Etat une somme égale à celle que, lui et son personnel économisent. Pour les nombreux chemins de fer qui ne payent ni intérêt, ni dividende, ces immunités ont pour conséquence d'accélérer leur faillite. Voici comment cela se passe. « Il faut à la Compagnie de l'Est 20,111,000 francs pour rétribuer ses actionnaires : Il y a une insuffisance de 10,166,000 francs qui devra être couverte (prêtée). par l'État. — L'État. plus heureux que les actionnaires, a retiré de l'exploitation du réseau un profit de 34,596,000 francs, tant en recettes qu'en économies réalisées. » (Compte rendu de l'assemblée générale des actionnaires de l'Est, *Finance nouvelle*, 6 juin 1886.) Il résulte de ceci que le chemin de fer de l'Est devait, pour 1885, verser à ses actionnaires 20,111,000 francs ; que les 34 millions 596,000 francs de gratifications perçus par le gouvernement, ne laissant dans la caisse que 9,945,000 francs — moins que le tiers de la somme perçue par l'État — il y eut un déficit de

10,166,000 francs. Pour se procurer cette somme, afin de pouvoir payer les actionnaires, on a droit de recourir à l'État. L'État, bon prince, s'est obligé à pourvoir à une insuffisance, résultant d'un excès de générosité à son profit, mais, à condition que les actionnaires lui payeront, à raison de 4 0/0, l'intérêt des 10 millions qu'il consent à leur remettre, du trop généreux cadeau qu'il a reçu d'eux, en attendant qu'ils puissent les lui rembourser ! Et l'on va criant sur les toits que le gouvernement livre la fortune publique en pâture aux infâmes actionnaires ! Comment après ces prélèvements de l'État serait-il possible de faire des transports à bon marché ?

Qu'en raison des exemptions de payement dont ils jouissent, les fonctionnaires publics fassent tort, à l'Etat, de l'impôt qu'il percevrait sur le prix de leurs places ; que, voyageant aux dépens des actionnaires, ils partagent leurs bénéfices, cela paraît d'une légitimité plus que contestable ; mais, que les avantages dont ils jouissent, contribuent à endetter, à ruiner même, les chemins de fer, n'est-ce pas une véritable énormité ? N'est-il pas incontestable que c'est l'Etat et son personnel, qui spolient les actionnaires, et non ceux-ci qui ruinent l'Etat !

Lorsque les citoyens, purs, qui siègent dans nos assemblées, nos tribunaux, etc ; lorsque le président de la République, lui-même, respectent de la sorte, les droits, les intérêts, le bien d'autrui, comment s'étonner que, dans les affaires privées, chacun tire à soi, sans y regarder de trop près, et que la propriété soit en butte à de si nombreux attentats !

En somme, l'État, les fonctionnaires, mandataires, magistrats, etc., perçoivent 276 millions de revenu sur la propriété des actionnaires ; ceux-ci ne reçoivent pas 154 millions. L'Etat acquiert, en outre, chaque année, plus de 100 millions sur la propriété elle-même. Les actionnaires toucheront encore, pendant soixante et quelques années, 154 millions ; l'Etat en touchera 276, et, au bout de ce temps, les chemins de fer qui valent 12 milliards seront sa propriété ! Voilà de quelle façon les actionnaires ruinent la nation !

Sans doute 276 millions, plus 100 millions sur la propriété des chemins de fer, est quantité négligeable, en comparaison des avantages que nous procurent ceux qui, tout en les dépossédant, signalent les rapaces actionnaires à la vindicte publique ; leurs innombrables discours assurent, en effet, que nous leur devons toutes sortes de bienfaits ; ces bienfaits se produisent, paraît-il, d'une façon occulte, mystérieuse, car ils échappent à la perception des contribuables. Ce qui est manifeste, c'est que chaque année, indépendamment d'un énorme budget, ces bienfaiteurs de la nation l'endettent d'une somme surpassant d'environ 150 millions celle dont la font profiter les infâmes actionnaires des chemins de fer ! (Voir p. 176.)

TABLE DES MATIÈRES

La légitime rétribution du capital.

LE CAPITAL — SON ACQUISITION

La rétribution du capital.

Appendice.

Paris. — Imprimerie Nouvelle (association ouvrière), 11, rue Cadet.
R. Barré, directeur. — 1240-8

9 782329 815350